디지털 코칭 마케팅

[코케팅]

디지털 코칭 마케팅

코케팅

COARKETING

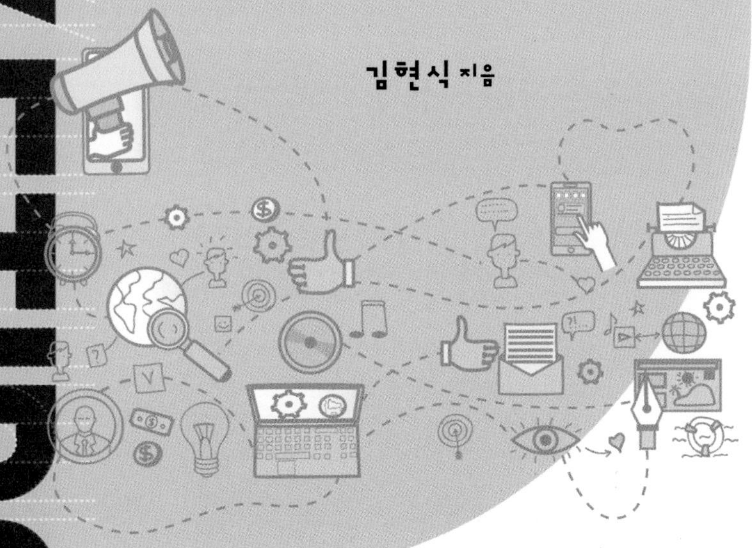

김현식 지음

KM 경문사

머리말

소비자 파워 우선주의 디지털 마케팅, 코케팅Coarketing

지금은 4차 산업혁명이 진행 중인 디지털digital 시대입니다. 디지털 시대를 규정하는 것은 디지털 기술digital technology입니다. 디지털 시대 기업 생존전략의 핵심 중 하나로 디지털 기술이 꼽힙니다. 디지털 시대 마케팅marketing에도 디지털 기술이 접목됩니다. 디지털 시대에는 어떤 마케팅 스타일이 더 효과적일까요? 몇 가지 관점이 있습니다.

기술technology을 잘 아는 기업이 소비자 문제해결의 적임자라고 보는 것이 소위 해결사 마케팅solver marketing 스타일입니다. 애플Apple의 스티브 잡스는 소비자 스스로 좋은 해법이나 디자인을 결정하는 것이 현실적으로 쉽지 않기 때문에 소비자에게 해법을 묻기보다는 기업 스스로 해법을 만들어 소비자에게 보여줘야 한다고 지적하곤 했습니다. 소비자 문제해결 과정을 기업이 리드하는 게 더 효과적일 수 있다고 보는 전통적 마케팅 스타일에 가깝습니다.

디지털 기술은 기업만이 아니라 소비자의 문제해결 능력도 키웁니다. 기업이 소비자 문제해결 과정에 소비자를 참여시켜 서로 협력함으로써 상호 간의 가치를 공동으로 창조하는 방식이 효과적이라고 보는 것이 소위 공동창조자 마케팅co-creator marketing 스타일입니다. 21세기 지배적 마케팅 스타일로 꼽히죠.

이 책은 공동창조자 마케팅에서 반걸음 더 나아가 소비자가 문제해결 과정을 주도하도록 옆에서 기업이 코칭coaching해주는 것이 더 효과적일 수 있다는 "코칭 마케팅coaching marketing" 스타일을 제시합니다. 이 책은 디지털 시대를 헤쳐가는 기업 입장에서 어떤 자세로 마케팅 의사결정을 하면 좋을지 "코칭 마케팅" 스타일 중심적 의견을 제시합니다.

이 책은 가치공동창조 value co-creation, 서비스우위 논리 service-dominant logic, 코칭coaching 등 마케팅과 경영학 분야의 여러 의견을 융합하고 재해석하여 반걸음 진전된 마케팅 개념으로 "코케팅Coarketing"을 제시합니다. 나아가 디지털 생태계 분석틀 중 하나인 CPND content, platform, network, device 틀 (Fransman 2010)을 접목하여 사례분석과 실행방안 논의에 사용합니다.

이 책에서 제시하는 코케팅Coarketing은 소비자우위 논리 consumer-dominant logic (Anker 2015, Heinonen 2013, 2015)와 디지털 마케팅digital marketing 개념 (Kannan 2017)을 융합하여 디자인한 개념으로 코칭 마케팅coaching marketing의 줄임말입니다: 《Coarketing = Coa(ching) + (ma)rketing》.

<표> 마케팅 스타일 비교

	해결사 마케팅 solver marketing	공동창조자 마케팅 co-creator marketing	Coarketing (코케팅) coaching marketing	자급자족 no marketing
마케터 역할	소비자 문제를 파악하고 최선의 해결책을 마련하여 제시한다	서로 협력하여 상호 간의 가치를 공동으로 창조하는 차원에서 소비자 문제 해결책 마련 과정부터 소비자와 협력한다	문제 파악과 해결책 마련을 주도하는 소비자를 안내하고 돕는다	소비자의 자기완결적인 문제해결 과정에 관여할 여지가 적다
소비자 역할	마케터가 제시한 해결책 중에서 골라 구매 · 소비해서 문제를 해결한다	서로 협력하여 상호 간의 가치를 공동으로 창조하는 차원에서 마케터의 문제 해결책 마련 과정부터 참여한다	마케터의 코칭을 받아 주도적으로 해결책(solution)을 마련해서 본인과 다른 소비자의 문제를 해결한다	자기완결적으로 문제해결책을 마련해서 문제를 해결한다

목차

코케팅 Coarketing 이란

1

1

What is Coarketing?

코케팅Coarketing은 코칭 마케팅coaching marketing의 줄임말이다: Coarketing = Coa(ching) + (ma)rketing. 코칭coaching과 마케팅marketing이 합쳐져 코칭스타일 마케팅을 뜻한다. 코케팅Coarketing을 넓게 보면 코칭 스타일 마케팅 전체다. 코케팅Coarketing을 좁게 보면 디지털 기술digital technology이 접목된 코칭 스타일 마케팅이 된다. 이 책은 코케팅Coarketing을 좁은 의미로 보아 디지털 기술이 접목된 코칭 스타일 마케팅으로 규정한다. 디지털 시대에 필요한 시사점을 얻는데 집중하기 위해서다.

<그림> 코케팅Coarketing 개념도

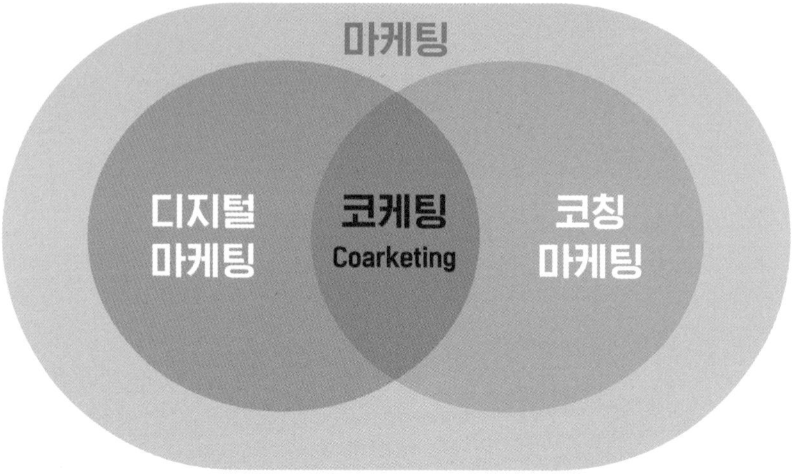

우선 코케팅Coarketing을 정의해 보자. 코케팅Coarketing은 디지털 기술을 접목하여 소비자consumer가 가치 창출value creation, 소통communicating, 전달delivering, 교환exchanging 과정을 효과적으로 주도하도록 코칭coaching하는 마케팅 방식이다. 말하자면, 코케팅Coarketing은 목적 지향적 교환exchanging을 위한 솔루션 개념product[c] concept, 가격price[c], 유통place[c], 촉진promotion[c]의 계획·실행 과정을 소비자가 효과적으로 주도하도록 디지털 기술로 안내guidance하고 지도instruction하여 돕는helping 과정인 셈이다. 참고로 [c]는 이 책에서 코케팅Coarketing 맥락을 나타낼 필요가 있을 때 사용하는 표시다.

<표> 코케팅Coarketing 정의

- 디지털 기술을 접목하여 소비자consumer가 가치 창출value creation, 소통communicating, 전달delivering, 교환exchanging 과정을 효과적으로 주도하도록 코칭coaching하는 마케팅marketing 방식

- 목적 지향적 교환exchanging을 위한 솔루션 개념product[c] concept, 가격price[c], 유통place[c], 촉진promotion[c]의 계획·실행 과정을 소비자consumer가 효과적으로 주도하도록 디지털 기술digital technology로 안내guidance하고 돕는helping 과정

- 조직이나 개인이 자신과 이해관계자의 목적objective을 달성시켜 줄 교환exchange을 창출하고 그 관계relationship를 강화하기 위해 디지털 기술을 접목하여 소비자consumer가 4P[c]의 계획·실행을 통한 가치창출value creation 과정을 효과적으로 주도하도록 안내guidance하고 돕는helping 과정

자 그럼 코케팅Coarketing의 몇 가지 기본 성질을 살펴보자.

(1) 코케팅Coarketing은 마케팅marketing이다.

코케팅Coarketing은 고객customer, 파트너partner, 사회society에 가치value 있는 제품solution과 가격price을 구상creating, 소통communicating, 전달delivering, 교환exchanging하기 위한 활동 과정이다. 스스로를 위해 자유롭게 행동할 자유와 선택권을 가진 누군가가 내가 바라는 어떤 행위를 자발적으로 하도록 여러가지 여건을 서로와 사회에 바람직하도록 조성한다는 점에서 마케팅의 본질과 통한다.

(2) 코케팅Coarketing은 디지털 마케팅digital marketing이다.

코케팅Coarketing은 디지털 기술을 사용하는 마케팅이다. 말하자면, 제품product[c], 가격price[c], 유통place[c], 촉진promotion[c] 등 소위 4P[c]를 계획하고 실행하는 과정 중 한군데 이상에서 디지털 기술이 중요하게 이용되는 마케팅인 셈이다.

(3) 코케팅Coarketing은 코칭 마케팅coaching marketing이다.

코케팅Coarketing은 문제해결을 주도하는 소비자를 안내guidance하고 돕는 helping 코칭coaching 방식을 구사하는 마케팅이다. 코케팅Coarketing은 소비자의 주도적 문제해결 역량을 활용하는 코칭coaching 스타일 마케팅이다. 기업이 주도적으로 해법을 만들어 소비자 문제해결 과정을 리드하는 게 더 낫다는 해결사 마케팅solver marketing과 대비되는 스타일인 셈이다.

(4) 코케팅Coarketing은 공동창조자 마케팅co-creator marketing의 일부다.

공동창조co-creation는 서로가 협력을 통해 상호 가치mutual value를 함께 창조하는 과정을 의미한다. 공동창조co-creation를 두 부류로 나누어 보자. 기업이 결정권을 지니고 마케팅을 주도하되 소비자 참여를 활용하는 약한 수준의 공동창조"weak" co-creation를 1유형으로 보자. 소비자가 결정권을 지니고 주도하도록 기업이 플랫폼platform을 깔아주는 강한 공동창조"strong" co-creation를 2유형으로 보자 (O'Hern 2010). 코케팅Coarketing은 2유형 강한 공동창조"strong" co-creation 방식에 초점을 맞추는 마케팅이다.

용어 정리

코치coach

코치coach라는 용어는 원래 승객을 수송하는 차량을 가리켰다. 이후 스포츠 분야에서 선수를 위한 트레이너trainer나 지도자leader를 지칭하기 시작했다. 일반적으로 코치coach는 트레이너trainer 혹은 튜터tutor를 의미한다. 코치coach는 다른 사람이 자신의 기회를 활용하여 목표를 잘 달성하도록 돕는 역할을 담당한다. 팀 기반 조직에서는 동료가 코치가 될 수 있지만, 일반적으로 코치의 역할을 하는 사람은 관리자다.

코칭coaching

코칭coaching은 지식knowledge, 기술skill, 업무성과work performance가

향상되도록 안내guidance하고 지도instruction하는 과정이다. 코칭coaching은 상대가 자신의 힘으로 원하는 방향으로 발전할 수 있도록 도움helping을 주는 과정인 셈이다. 코칭coaching은 인적자본의 능력을 향상시키는 도구이기도 하다. Kinlaw(1999)는 코칭을 문제 해결과 성과 향상 과정으로 보고 상담counseling, 멘토링mentoring, 튜터링tutoring, 직면confronting 등 네 가지 기능으로 구성된다고 주장한다. 코칭은 스킬 중심의 방법이기 때문에 지식관리에 활용될 수 있다. 코칭 프로세스는 일반적으로 상대방이 달성하고자 하는 목표에 초점을 맞춤으로써 상대방의 변화와 발전을 위한 지원적 접근supportive approach을 하는데 주안점을 둔다. 코칭coaching은 상대방을 개인 및 조직의 목표 달성을 위한 파트너로 본다 (Werner 2009).

디지털 기술digital technology

디지털 기술digital technology이란 물질 시스템 등의 상태를 연속적 실수가 아닌 이산적인 숫자 (예: 0,1) 등의 신호로 표현한 후 그 자료를 전자기기 등에 저장하고 인출하는 방식이다. 말하자면 0과 1의 무한한 조합을 통해 모든 것을 표현하는 방식인 셈이다. 디지털 기술digital technology이 가진 장점의 예는 다음과 같다. 우선, 모든 자료가 0과 1의 조합으로 이루어져 서로 융합하고 가공하기 쉽다. 또, 빛과 유사한 속도로 정보를 이동시킬 수 있어 전지구적 순간 정보 전달이 가능하다. 디지털 기술digital technology은 현대의 정보통신 기술ICT과 중첩된다.

소비자consumer

사전적으로 소비자consumer는 제품이나 서비스를 구입하거나 소비하는 개인이나 조직을 뜻한다. 고객customer은 제품이나 서비스를 구입하는 개인이나 조직을 뜻한다. 고객customer은 기업의 거래 상대라는 의미가 강조되고, 소비자consumer는 소비 주체라는 의미가 강조되지만, 둘은 대체적으로 서로 유사어로 취급된다.

코케팅Coarketing 틀 속에서 마케터의 코칭coaching 상대로 소비자의 문제해결 과정을 주도하는 주체는 주로 소비자consumer 또는 고객customer이다. 소비자 또는 고객이 주도적으로 해결하려는 문제는 자신의 문제일 수도 있고 다른 소비자의 문제일 수도 있다. 고객customer은 현재고객만이 아니라 잠재고객도 포함하는데 잠재고객의 의미를 넓히면 고객customer의 의미도 확장된다. 이 책에서 넓은 의미로 사용하는 고객customer의 의미에는 개인 신분의 콘테스트 응모자나 프로젝트 참가자 등 다양한 대상이 포함된다. 이 책은 소비자consumer와 고객customer을 맥락에 따라 적절하게 혼용한다.

파워power

파워power란 다른 사람 또는 가치 있는 자원resources을 제어할 수 있는 상대적 능력ability이다 (Labrecque 2013). 자원resources을 제공하거나 제한하여 다른 사람의 상태를 변화시킬 수 있는 상대적 능력capacity을 뜻하기도 한다 (Keltner 2003). 상대방과 비교한 상대적 능력이라는 의미를 내포하는 셈이다.

파워 소비자empowered consumer

파워 소비자empowered consumer는 정보적, 기술적, 사회적 파워 원천으로부터 더 많은 파워를 획득하여 소비자 문제해결 과정을 주도할 수 있는 능력과 영향력을 보유한 소비자를 말한다.

가치value

가치value란 소비자consumer가 특정 제품product이나 솔루션solution 소비경험consumption experience을 통해 자신이 바라는 상태와 실제 상태의 차이gap로 인한 결핍 문제problem를 해소시키는 정도를 의미한다. 소비자 입장에서 볼 때 가치창출value creation이 곧 문제해결problem solving인 셈이다.

가치value를 총가치total value와 순가치net value로 구분할 수도 있다. 총가치total value에서 소비자가 치러야 하는 비용(예: 경제적·심리적 비용)을 차감한 만큼을 순가치net value로 본다. 꼭 필요할 때 외에는 대부분 가치value로 통칭하므로 맥락을 살펴 해석하는 것이 바람직하다.

마케팅marketing

마케팅marketing은 조직이나 개인이 목적지향적 교환exchange을 창출하고 그 관계relationship를 강화하기 위해 고객, 파트너, 사회에 가치value 있는 재화, 서비스, 아이디어 등 일체 솔루션의 개념product concept, 가격price, 유통place, 촉진promotion을 계획하고 실행하는 과정이다. 선택의 자유를 가진 상대방이 마케터가 희망하는 특정 행위를 스스로 하도록 서로와 사회에 바람직한 여러 여건을 마련해가는 과정인 셈이다. 미국 마케팅학회의 2007년 버전으로는 고객customers, 파트너partners, 사회society에 가치value 있는 제공물offerings을 창출creating, 소통communicating, 전달delivering, 교환exchanging하기 위한 일련의 활동activity, 제도institutions, 프로세스processes다.

4P[c]

4P는 제품product, 가격price, 유통place, 촉진promotion을 의미한다. 마케터가 의사결정을 통해 통제할 수 있는 필수적 변수들이다. 마케팅 믹스로 불리기도 한다. 4P는 공교롭게도 P로 시작하는 네 단어의 공통점에 착안하여 1960년대 미국의 제롬 맥카시 Jerome McCarthy 교수가 붙인 이름이다. 다양한 유사 용어가 있다. 로터본Lauterborn은 4P를 순서대로 Customer solution, Customer cost, Convenience, Communication이라는 4C로 부르자고 제안한 바 있다. 그 밖에도 많은 대체 용어가 제안되었으나, 단순한 4P 틀의 유용함은 여전히 널리 받아들여지고 있다. 이 책에서는 코케팅 믹스로 구별하기 위해 [c]를 붙인 4P[c]로 제품 product[c], 가격price[c], 유통place[c], 촉진promotion[c]을 사용한다. 말하자면 코케팅 믹스는 의사결정을 통해 통제할 수 있는 코케팅 과정의 필수적 변수들인 셈이다.

제품product

제품product이란 소비자의 관심, 획득, 사용, 소비 대상이 될 수 있도록 누군가에 의해 시장에 내어져 소비자의 문제를 해결해 줄 수 있는 모든 것이다.

유형의 재화 외에 서비스, 장소, 체험, 아이디어 등 교환을 위해 시장에 내놓을 수 있는 다양한 것들이 제품product에 포함된다.

소비자의 문제를 해소하는 수단으로 교환의 대상이 될 수 있는 일체의 솔루션solution은 모두 제품product이 될 수 있는 셈이다.

가격price

가격price은 소비자가 제품이나 서비스의 소유나 사용으로 얻는 편익의 대가로 내놓아야 하는 반대급부의 합계다. 마케터가 교환exchange을 통해 받고자 하는 것이기도 하다.

가격의 형태나 이름은 다양하다. 월세·전세 임대료, 중개료, 수수료, 등록금, 통행료, 사용료, 월급, 이자율, 세금 등은 모두 가격의 다른 이름들이다.

유통place

유통distribution은 마케터가 제품이나 서비스를 소비자에게 전달하여 소비되도록 하는 과정이다. "Place"라고도 불린다.

마케터가 제품이나 서비스를 소비자에게 전달하여 소비되도록 하는 과정에 참여하는 개인이나 조직의 집합을 유통경로distribution channel라고 한다.

유통경로를 넓게 보면 마케터와 소비자 그리고 양자를 연결하는 도·소매 중간상middleman을 모두 지칭하며, 좁게 보면 중간상만 지칭한다.

촉진promotion

촉진promotion이란 마케팅 과정에서 전개되는 커뮤니케이션을 의미한다. 마케팅 커뮤니케이션marketing communication이라고도 부른다.

촉진promotion 즉 마케팅 커뮤니케이션은 마케터의 목적달성을 가능케 하는 교환을 이끌어내기 위해 발신자와 수신자 간에 생각의 공통 영역을 구축하는 과정인 셈이다.

* 자료원: 주우진 (2020), Kim (2013) 등 참고하여 작성

왜 코케팅 Coarketing 인가?

2

2

Why Coarketing?

디지털 시대가 도래하며 소비자 파워consumer power가 증가하고 있다. 인터넷의 등장과 동시에 학자들이 예견했던 마케터marketer에서 소비자consumer로의 힘의 이동power shift은 현실화하고 있다.

월드와이드웹world wide web의 도입으로 일반 소비자도 방대한 양의 정보에 접근하면서 시장과 그 너머에서 자신의 삶에 영향을 미칠 수 있는 기회를 개척할 수 있게 되었다. 모바일 기기를 통해 전지구적 연결이 가능해진 소셜 미디어 환경은 정보에 대한 접근성을 향상시킨다.

뿐만 아니라 전 세계 소비자들이 콘텐츠를 제작하여 듣고자 하는 누구에게나 자신의 목소리를 증폭시킬 수 있게 되었다. 디지털 기술은 소비자가 누군가와 상호작용을 해서 가치창출 과정을 주도하려 할 때 감내해야 하는 시간적, 경제적 비용을 극적으로 낮춘다. 이는 소비자 파워 증가로 귀결된다.

디지털 시대 소비자 파워 증가는 다양한 양상으로 이루어지지만, 주로 정보적informational, 기술적technological, 사회적social 파워 원천power source을 통해 발현된다 (Kucuk 2007, Labrecque 2013).

<그림> 파워 소비자empowered consumer 등장과 코케팅Coarketing 필요성

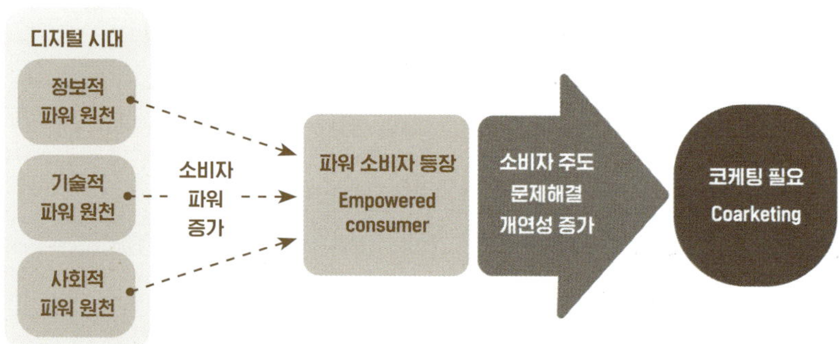

(1) 정보적 파워 원천informational power source

정보적 파워 원천은 디지털 시대 소비자가 향유하는 콘텐츠 소비력과 생산력 등으로 구성된다. 콘텐츠 소비content consumption를 통해 제품이나

<그림> 유튜브YouTube를 통한 UGCuser-generated contents 공유

* 자료원: https://www.youtube.com/watch?v=TnezZAbcF9k

서비스 정보를 많이 접할수록 정보비대칭information asymmetry으로 인한 소비자의 상대적 약점이 해소되면서 기업과의 상호작용을 통한 소비자 문제해결 과정에서의 영향력이 증가하게 된다.

콘텐츠 생산content production을 통한 정보 기반 파워는 UGCuser-generated contents를 통해 발휘하는 능력을 의미한다. 그것은 자기표현의 배출구를 제공하고, 각자의 도달가능범위를 확장하며, 소비자 의견이 시장에 미치는 범위를 확대함으로써 기업과 상호작용 과정에서 소비자 파워를 증진시킨다.

콘텐츠 소비와 콘텐츠 생산이 활성화할수록 기업과의 상호작용을 통한 소비자 문제해결 과정에서 발현되는 소비자 파워가 증가한다.

(2) 기술적 파워 원천technological power source

기술적 파워 원천은 디지털 기술이 소비자에게 제공하는 추적능력trackability, 제어능력controllability 등으로 형성된다. 대표적인 디지털 시스템 중 하나인 인터넷은 기술적으로 소비자 측과 다른 참가자 측이 동일한 상태(노드node)로 평등하게 접속되도록 설계되어 있다. 디지털 기술은 더 높은 유연성과 이동성을 소비자에게 허용한다. 모바일 기술 및 데이터 인프라의 발전으로 소비자는 디지털 플랫폼 전반에서 정보와 자원에 대한 거의 즉각적인 접속이 가능해졌다.

Thomson(2003)의 표현을 보면 "시공간 압축은 정보 기술과 디지털 혁명의 진전에 발맞춰 극히 강화된다... 우리는 이제 '사실상' 어디에나 있을 수 있고, '사실상' 어느 때든 '사실상' 누구나 될 수 있다". 디지털 기술의 발전으로 디지털 소비자는 하루 24시간, 주 7일, 연중무휴로 거래하고, 그 내역을 쉽게 추적하고 제어할 수 있다.

소비자가 디지털 기술을 사용해서 거래를 추적하고 제어하면 할수록 기업과의 상호작용을 통한 소비자 문제해결 과정에서 발현되는 소비자 파워는 증가한다.

(3) 사회적 파워 원천social power source

사회적 파워 원천은 소비자의 연결성connectivity으로부터 형성된다. 디지털시대 소비자는 디지털 통신기술을 사용하여 소셜 네트워크, 전문가, 커뮤니티에 쉽게 연결할 수 있다.

소비자가 다른 개체와 잘 연결될수록 기업과의 상호작용을 통한 소비자 문제해결 과정에서 발현되는 소비자 파워는 증가한다. 사회적 파워 원천의 발현 사례는 크라우드소싱crowdsourcing, 공동구매collective buying, 공유경제sharing economy 등 다양한 형태로 나타난다.

소비자의 연결성이 좋아질수록 기업과의 상호작용 과정을 통한 소비자 문제해결 과정에서 발현되는 소비자 파워는 증가한다 (Kucuk 2007, Labrecque 2013).

마케터에서 소비자로의 힘의 이동power shift은 파워 소비자empowered consumer 증가로 귀결된다. 파워 소비자는 정보적, 기술적, 사회적 파워 원천으로부터 더 많은 파워를 획득하여 소비자들의 문제해결 과정을 주도할 수 있는 영향력을 보유한 소비자를 말한다.

다양한 치유의 과정에서 한결같이 강조되는 것 중 하나가 인간의 자기치유력이다. 인간의 자기치유력이 치료과정의 핵심 중 하나이듯, 디지털 시대 파워 소비자의 주도적인 문제해결 능력과 영향력이 코케팅Coarketing의 급소다.

높아진 디지털 시대 소비자 파워를 고려할 때 마케터가 앞에서 소비자를 이끄는 해결사 마케팅solver marketing 관점 일변도에서 벗어나 문제해결을 주도하는 소비자의 옆에서 안내guidance하고 돕는helping 코케팅Coarketing 관점을 겸비할 필요가 있다 (Anker 2015, Heinonen 2013, 2015, Hibbert 2012, Taiminen 2018, Zainuddin 2016).

용어 정리

크라우드소싱crowdsourcing

크라우드소싱crowdsourcing은 제프 하우Jeff Howe와 마크 로빈슨Mark Robinson이 2006년 와이어드Wired 지에서 처음 쓴 말이다. 군중crowd과 외부조달outsourcing의 합성어다 (Hirth 2011). 크라우드소싱crowdsourcing은 소비자나 일반인 군중에게 기업활동의 일부를 개방해서 문제의 해결방안을 외부 조달하는 과정을 말한다. 대규모 네트워크를 대상으로 한 공개 요청 방식을 사용하는 것이 특징이다.

크라우드소싱crowdsourcing의 본질을 온라인을 통한 분산형 생산 모델로 보기도 한다 (Brabham 2008).

특정되지 않은 군중을 대상으로 크라우드소싱이 실행되려면 기업과 군중 사이를 중재할 크라우드소싱 플랫폼이 필요하다. 주요 사례 중 하나로 꼽히는 MTURK Amazon Mechanical Turk는 기업이 분산된 군중에게 기업활동 일부를 쉽게 아웃소싱할 수 있도록 하는 크라우드소싱crowdsourcing 장터 역할을 한다.

공동구매collective buying

정해진 하한 값을 넘는 수의 구매자가 구매하는 조건으로 대폭 할인된 가격에 제품이나 서비스를 구매하는 방식을 공동구매collective buying라고 한다. 구매자 집단의 구매 수량 합산을 인정하는 점이 다를 뿐, 고객이 대량으로 구매하도록 유도하기 위해 제공하는 수량할인quantity discount 방식과 유사한 면이 있다. 참고로 수량할인quantity discount은 대량으로 구매하는 구매자에게 제품 단위당 가격을 낮춰주는 구매자 인센티브다.

공유경제sharing economy

공유 경제는 물건, 공간, 서비스의 여분을 소유권 이전 없이 ICT information and communication technology 기반 중개인intermediary을 통해 참여자끼리peer-to-peer 공용하는 문제해결 모형이다.

2008년 금융위기 전후로 부각되면서 로렌스 레시그Lawrence Lessig가 개념을 정리한 바 있다.

성과지상주의로 인해 공유경제의 본질과 거리가 멀어진다는 세간의 평가도 있지만 에어비앤비Airbnb나 우버Uber의 사업모델이 주요 사례로 꼽힌다.

* 자료원: 주우진 (2020) 등 참고하여 작성

코케팅

Coarketing

전략 툴

3

3

Coarketing strategy

현대 마케팅에서 중시하는 것 중 하나로 고객경험customer experience이라는 것이 있다. 고객경험은 소비자가 제품이나 서비스와 처음 만나는 최초 접점부터 구매, 소비, 소비 후 행동 등 접점이 끝나는 순간까지 그 소비자에게 발생하는 인지적cognitive, 감정적 emotional, 행동적 behavioral, 감각적 sensorial, 사회적social 반응의 총합이다.

소비자의 문제해결 즉 가치창출value creation은 고객경험 속에서 이루어진다. 말하자면 고객경험이 없다면 소비자 가치창출value creation도 없는 셈이다. 고객경험은 구매 전pre-purchase, 구매purchase, 구매 후post-purchase 등 3단계로 구분할 수 있다 (Lemon 2016).

구매 전 단계는 소비자 문제인식, 해법모색, 대안탐색, 대안평가, 구매 전 커뮤니케이션 등이 발생하는 과정이다. 제품개발과 강하게 연결된다. 구매단계는 가격이 지불되고 제품 소비 권리가 발생하는 과정을 말한다. 가격과 유통의 관련성이 높은 과정이다. 구매 후 단계는 소비, 경험, 소비 중 커뮤니케이션, 소비 후 커뮤니케이션 등이 발생하는 과정을 말한다.

디지털 시대의 정보적informational, 기술적technical, 사회적social 파워 원천으로부터 발현된 소비자 파워는 구매 전, 구매, 구매 후 단계마다 세부적인 고객경험 과정별로 다양한 형태로 나타날 수 있다. 예를 들어, 문제인식 · 솔루션발견 과정의 소비자 파워나 솔루션 평가 · 선택 과정의 소비자 파워 등은 구매 전 단계에서의 마케팅 성과에 영향을 줄 수 있다.

구매 단계에서는 지불과정의 소비자 파워나 유통과정의 소비자 파워 등이 마케팅 성과에 영향을 끼칠 수 있다. 나아가, 소비 과정의 소비자 파워나 소비 후 과정의 소비자 파워 등은 구매 후 단계에서의 마케팅 성과에 영향을 줄 수 있다.

이 책은 표준 마케팅 믹스marketing mix 틀을 차용하여 제품product[c], 가격price[c], 유통place[c], 촉진promotion[c] 등 4P[c]를 코케팅 믹스Coarketing mix로 규정

한다. 이 책은 고객경험 3단계와 코케팅 믹스 4P[c]로부터 생겨나는 총 12셀 조합 (즉, 3×4=12) 중 각 고객경험 단계에서 발현되는 소비자 파워의 성질과 해당 코케팅 믹스 의사결정 내용이 강하게 연결된다고 판단되는 6개의 셀로부터 7개의 코케팅Coarketing 전술을 도출하여 제안한다.

6개의 셀은 순서대로 구매전단계 × 제품, 구매전단계 × 촉진, 구매단계 × 가격, 구매단계 × 유통, 구매후단계 × 제품, 구매후단계 × 촉진 등이다. 이 6개의 셀로부터 도출된 7가지의 코케팅Coarketing 전술을 나열하면 다음과 같다 (Frow 2015, Kucuk 2007, Oertzen 2018).

<표> 코케팅Coarketing 전략 틀frame : 고객경험 단계별 코케팅Coarketing 7전술 도출

고객경험 단계별 소비자파워 / 코케팅 믹스 Coarketing mix	구매 전 단계 Pre-purchase stage	구매 단계 Purchase stage	구매 후 단계 Post-purchase stage
	정보적 파워 원천 Informational power source	기술적 파워 원천 Technological power source	사회적 파워 원천 Social power source
	문제인식·솔루션발견 과정의 소비자 파워 Consumer power in problem recognition & solution finding	지불과정의 소비자 파워 Consumer power in payment	소비 과정의 소비자 파워 Consumer power in consumption
	솔루션 평가 · 선택 과정의 소비자 파워 Consumer power in solution evaluation & choice	유통과정의 소비자 파워 Consumer power in delivery	소비 후 과정의 소비자 파워 Consumer power in post-consumption behavior
제품 Product[c]	■ 소비자 주도 제품개발 코칭 'consumer-led new product development' coaching ■ 소비자 선택 코칭 'consumer choice' coaching		■ 소비자 소비 코칭 'consumer consumption' coaching
가격 Price[c]		■ 소비자 주도 가격결정 코칭 'consumer-led pricing' coaching	
유통 Place[c]		■ 소비자 주도 유통 코칭 'consumer-led distribution' coaching	
촉진 Promotion[c]	■ 소비자 주도 출시 전 커뮤니케이션 코칭 'consumer-led pre-launch communication' coaching		■ 소비자 주도 구매 후 커뮤니케이션 코칭 'consumer-led after-purchase communication' coaching

(1) 소비자 주도 제품개발 코칭'consumer-led new product development' coaching

디지털 시대 문제인식·솔루션발견 과정의 소비자 파워는 소비자가 주도적으로 솔루션을 개발하는데 쓰일 수 있다. 솔루션이 곧 제품product[c]이므로 소비자 주도 제품개발에 쓰이는 셈이다. 마케터는 디지털 기술로 이 과정을 안내하고 코칭coaching 할 수 있다.

소비자 주도 제품개발 코칭coaching은 파워 소비자empowered consumer가 아이디어도출, 디자인 등 제품개발과정 중 중요한 부분을 효과적으로 주도하도록 마케터가 디지털 기술로 안내guidance하고 도움helping으로써 코칭coaching하는 제품개발 방식을 말한다.

(2) 소비자 선택 코칭'consumer choice' coaching

디지털 시대 솔루션 평가 · 선택 과정의 소비자 파워는 소비자가 솔루션 즉 제품product[c]을 선택하는데 이용될 수 있다. 마케터는 디지털 기술로 이를 안내하고 코칭coaching 할 수 있다.

소비자 선택 코칭coaching은 파워 소비자empowered consumer가 제품이나 서비스를 평가 · 선택하는 과정을 효과적으로 주도하도록 마케터가 디지털 기술로 안내guidance하고 코칭coaching하는 코케팅Coarketing 전술을 말한다.

(3) 소비자 주도 출시 전 커뮤니케이션 코칭

'consumer-led pre-launch communication' coaching

디지털 시대 문제인식과 · 솔루션 발견 · 평가 · 선택 과정의 소비자 파워는 소비자가 출시 전에 제품개발 성공 가능성을 평가하고 소통하는 커뮤니케이션 즉 촉진promotion[c]을 주도하는데 쓰일 수 있다. 마케터는 디지털 기술로 이를 안내하고 코칭coaching 할 수 있다.

소비자 주도 출시 전 커뮤니케이션 코칭coaching은 파워 소비자empowered consumer가 출시 전에 제품개발 성공 가능성을 평가하고 소통하는 커뮤니케이션 과정을 효과적으로 주도하도록 마케터가 디지털 기술로 안내guidance하고 코칭coaching하는 코케팅Coarketing 전술을 말한다.

(4) 소비자 주도 가격결정 코칭'consumer-led pricing' coaching

디지털 시대 지불과정의 소비자 파워는 소비자가 주도적으로 가격결정pricing에 관여하는데 이용될 수 있다. 마케터는 디지털 기술로 이를 안내하고 코칭coaching 할 수 있다.

소비자 주도 가격결정 코칭coaching은 파워 소비자empowered consumer가 가격결정 과정을 효과적으로 주도하도록 마케터가 디지털 기술로 안내guidance하고 도움helping으로써 코칭coaching하는 가격 전술을 말한다.

(5) 소비자 주도 유통 코칭‘consumer-led distribution’ coaching

디지털 시대 유통과정의 소비자 파워는 소비자가 제품 전달 과정을 주도하는데 이용될 수 있다. 마케터는 디지털 기술로 이를 안내하고 코칭coaching 할 수 있다.

소비자 주도 유통 코칭coaching은 파워 소비자empowered consumer가 유통 과정을 효과적으로 주도하도록 마케터가 디지털 기술로 안내guidance하고 코칭coaching하는 유통 방식을 말한다.

(6) 소비자 소비 코칭‘consumer consumption’ coaching

디지털 시대 소비 과정의 소비자 파워는 제품product[c]을 대상으로 발휘된다. 소비 과정에서 소비자 파워가 효과적으로 발휘되면 만족도 높은 제품 소비로 이어질 수 있다. 마케터는 디지털 기술로 이를 안내하고 코칭coaching 할 수 있다.

소비자 소비 코칭coaching은 소비자가 구매한 제품이나 서비스를 효과적으로 소비하도록 디지털 기술로 안내guidance하고 코칭coaching하는 코케팅Coarketing 방식을 말한다.

(7) 소비자 주도 구매 후 커뮤니케이션 코칭

'consumer-led after-purchase communication' coaching

디지털 시대 구매 후 과정의 소비자 파워는 높아진 사회적 연결과 관계가 있다. 이는 추천이나 후기 등 사회적 소통 방식으로 진행되는 구매 후 커뮤니케이션을 소비자가 주도하는데 이용될 수 있다. 마케터는 디지털 기술로 이 과정을 안내하고 코칭coaching 할 수 있다.

소비자 주도 구매 후 커뮤니케이션 코칭coaching은 파워 소비자empowered consumer가 소비과정과 소비 후 과정에서 각종 커뮤니케이션을 효과적으로 주도하도록 마케터가 디지털 기술로 안내guidance하고 코칭coaching하는 코케팅Coarketing 방식을 말한다.

7가지 코케팅Coarketing 전술은 솔루션 개념product[c] concept, 가격price[c], 유통place[c], 촉진promotion[c]의 계획·실행 과정을 소비자consumer가 효과적으로 주도하도록 디지털 기술로 안내guidance하고 지도instruction하여 돕는helping 과정이 핵심이다. 이 책은 7가지의 코케팅Coarketing 전술에 부합하는 경영활동을 실제로 전개한 사례를 골라 CPND content, platform, network, device 틀을 통해 살펴본다. 디지털 기술digital technology로 안내guidance하고 돕는helping 과정을 CPND 기제mechanism의 틀로 본다는 의미다.

원래 CPND 틀은 산업정책 판단을 위한 디지털 ICT 생태계digital ICT ecosystem 분석 틀 중 하나로 가치사슬value chain 구조를 참고한 거시적 계층

모형이다 (Fransman 2010). CPND 틀은 개별 기업의 사업 생태계를 미시적으로 분석하는 틀로도 쓰인다 (남현숙 2021). 이 책은 사례 기업들의 코케팅Coarketing 식 경영 활동을 미시적으로 살펴보는데 CPND 기제mechanism의 틀을 이용한다.

<그림> 디지털 CPND 기제mechanism를 통한 코칭coaching

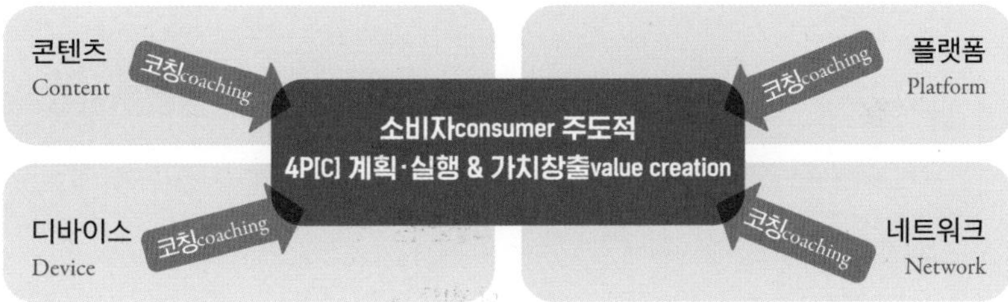

독자는 각 코케팅Coarketing 전술의 내용과 관련 사례를 살펴보고 시사점을 얻을 수 있을 것이다. 이 책에서 제시하는 7가지 전술이 가능한 전체 코케팅Coarketing 전술을 망라한 것은 아니다. 이 책에서 제시한 코케팅Coarketing 전략 틀의 논리와 사례 조사를 통해 전형적 유형을 고른 것일 뿐이다. 앞으로 고민을 통해 새로운 코케팅Coarketing 전술을 얼마든지 도출할 수 있을 것이다.

용어 정리

정보통신 기술ICT. information and communication technology

정보통신 기술ICT이란 정보의 수집, 가공, 저장, 검색, 송신, 수신 등의 과정에서 사용되는 방식 또는 절차다. 좁은 의미의 정보통신 기술ICT은 디지털 기술digital technology에 기반을 둔 현대의 정보통신 기술ICT을 뜻한다. 현대의 정보통신 기술ICT은 디지털 기술digital technology과 중첩된다. 넓은 의미의 정보통신 기술ICT은 문자통신이나 전기통신부터 좁은 의미의 정보통신 기술을 뜻하는 현대의 디지털 정보통신 기술ICT까지 포괄한다.

CPND content, platform, network, device

Fransman (2010)은 정보통신 기술ICT 분야를 거시적 관점에서 C-P-N-D content, platform, network, device 4개의 그룹으로 구성되

어 상호작용하는 유기체적 생태계로 규정하였다. 정보통신 기술ICT 생태계 발전을 위해서는 CPND content, platform, network, device 그룹간 공생이 필요하다는 점이 알려져 있다. CPND 틀은 현대 정보통신 기술 생태계를 묘사하고 있어 디지털 기술에 적용할 여지가 있다. 남현숙 (2021)은 CPND 틀을 개별 기업의 사업 생태계를 분석하는 틀로 사용했다. 이 책은 사례 기업들의 코케팅Coarketing 전술을 미시적으로 살펴보는데 CPND 틀을 이용한다. 말하자면 CPND 틀을 디지털 기술digital technology에 적용하는 셈이다.

콘텐츠content

콘텐츠content는 매체에 실려 전달되는 내용물 정보information를 가리킨다. 음원, 동영상, 위치정보, 행동데이터, 인공지능AI에 의한 빅데이터 해석 등 다양한 정보가 콘텐츠content의 예다.

플랫폼digital platform

디지털 플랫폼platform은 참여자 간 상호작용과 거래를 가능케 하는 소프트웨어SW 기반 온라인 인프라infra다. 플랫폼platform은 다양한 참여자들이 모일 수 있도록 기반infra을 제공하고, 참여할 수 있는 도구tool와 규칙rule을 제공하여 상호작용을 촉진한다. 디지털 플랫폼platform은 이용자가 많은 양의 정보를 탐색할 수 있도록 도와주는 검색엔진 search engine, 사용자 간의 거래를 가능하게 하는 디지털 시장market, 또는 콘텐츠 개발을 지원하는 협업 도구로서 기능하는 온라인 커뮤니티online community 등이 예다. 그 밖에, 소셜미디어social media처럼 이런 기능을 결합한 플랫폼platform도 존재한다.

네트워크network

네트워크network는 데이터 전송을 할 수 있는 통신망이다. 컴퓨터 등의 단말장치device가 통신을 할 수 있도록 구성된 체계인 셈이다. 네트워크는 다양하다. WAN wide area network는 도시, 국가, 대륙 등 넓은 영역에 펼쳐진 포괄적 컴퓨터 통신망을 말한다. 백본망backbone network이라고도 한다. MAN metropolitan area network는 대도시를 중심으로 WAN와 LAN을 연결해 주는 통신망을 말한다. LAN local area network는 학교나 집에서 사용하는 100미터 이내의 근거리 통신망을 말한다. PAN personal area network는 사람의 활동 범위인 10~20미터 이내의 네트워크다. NFC near field communication, 블루투스 Bluetooth 등 개인용 네트워크로 사용된다. BAN body area network는 사람의 신체 범위인 1~2미터 이내의 네트워크다. 웨어러블wearable 통신에 활용된다.

디바이스device

디바이스device란 접속 기능을 가지고 있거나 앞으로 갖게 될 제품connected product을 통칭한다. 점점 더 많은 것이 네트워크 접속 대상이 되면서 스마트 디바이스device 뿐만 아니라 가정내

전력기기, 기계부품, 공장설비, 스마트 플랜트의 식물, 자율제어자동차, 3D프린터 등이 디바이스로 편입되고 있다.

* 자료원: 이계수 (2016), 하원규 (2015) 등 참고하여 작성

코케팅

Coarketing

제1유형

소비자 주도 제품개발 코칭

'consumer-led new product development' coaching

4

4

'consumer-led new product development' coaching

소비자 주도 제품개발 코칭coaching은 파워 소비자empowered consumer가 아이디어도출, 디자인 등 제품개발과정 중 중요한 부분을 주도하고, 마케터는 디지털 기술digital technology을 접목하여 이를 안내guidance하고 도움helping으로써 코칭coaching하는 제품개발 방식을 말한다. 파워 소비자empowered consumer는 정보적, 기술적, 사회적 파워 원천으로부터 더 많은 파워를 획득하여 소비자 문제해결 과정을 주도할 수 있는 영향력을 보유한 소비자를 말한다.

기업이 신제품개발 과정 전반을 주도적으로 완수하여 출시한 제품이나 해결책을 소비자가 탐색하고 선택하는 과정을 밟아가는 해결사 마케팅

solver marketing과 코케팅Coarketing은 다르다. 코케팅Coarketing에서 신제품개발을 주도하는 주인공은 파워 소비자다. 코케팅Coarketing 담당자는 파워 소비자가 신제품개발을 효과적으로 주도하도록 CPND 영역의 디지털 기술을 유기적으로 적용하여 안내guidance하고 코칭coaching한다.

사례 1-1

레고Lego 마인드스톰Mindstorm의 소비자 주도 제품개발 코칭coaching

레고Lego는 덴마크Denmark 빌룬드Billund에 자리잡은 비상장 기업인 레고 그룹The Lego Group 소속 플라스틱 조립 완구 제조업체다. 2021년 기준 세계 최대 완구업체가 레고다. 레고의 대표 제품은 레고 블록이다. 레고 블록은 다양하게 조립하거나 연결시켜 차량, 건물 등 다양한 대상으로 만들어질 수 있다. 조립 완료된 것은 언제든 다시 분해될 수 있고, 다시 새로운 것을 만들기 위해 재사용된다.

레고의 경영활동 중 소비자 주도 제품개발 코칭coaching 전술의 예로 볼 수 있는 부분은 레고 마인드스톰Mindstorm 소프트웨어SW 공개다. 참고로 레고 마인드스톰Mindstorm 소프트웨어SW는 프로그래

<그림> 레고Lego 공식 홈페이지

* 자료원: https://www.lego.com/ko-kr/kids/sets

밍 언어programming language다. 블록 로봇과 상호 작용할 수 있게 해주는 도구다.

1998년 레고는 프로그래밍할 수 있는 블록 로봇 레고 마인드스톰Mindstorm을 199달러에 출시했다. 당초 레고는 MIT 미디어연구소와 협력하여 마인드스톰Mindstorm을 어린이용 제품으로 개발했다. 출시 후, 어린이만이 아니라 다양한 연령대의 소비자가 구매했다. 전체 생산량(6만대이상)은 3개월 만에 매진됐다.

제품 출시 직후, 일부 사용자와 해커들은 제공된 소프트웨어SW의 역설계reverse engineering 해킹 버전을 인터넷에서 공유하기 시작했고, 대체 운영 체제의 개발도 이어졌다. 레고 그룹은 그들의 열광적인 제품 수용과 독점코드 해킹 버전의 상호공유에 어떻게 반응해야 할지 검토에 검토를 거듭했다.

<그림> 레고Lego 마인드스톰Mindstorm 온라인포럼

* 자료원: https://www.lego.com/ko-kr/themes/mindstorms/about

심사숙고 후, 레고는 마인드스톰Mindstorm 소프트웨어SW의 최종 사용자 사용권 계약에 "해킹 권리" 조항을 추가했다. 소프트웨어SW를 공개해버린 것이다. 누구든지 소프트웨어SW를 수정할 수 있도록 허용한 후, 소비자가 만들어내는 소프트웨어SW와 결과물을 세심하게 모니터링했다.

이후 급성장하는 소비자 커뮤니티에 호응하기 위해 공식 온라인 포럼online forum을 설치했다. 이를 통해 레고 마인드스톰Mindstorm 이용자는 서로 영감을 주는 교류를 하거나 혁신적인 제품을 서로 개봉하며 자극받을 수 있다 (Gyrd-Jones 2013). 세계 곳곳에서 레고 마인드스톰Mindstorm을 이용한 로봇공학 교육과정도 활성화되었다 (https://en.wikipedia.org/wiki/Lego_Mindstorms).

레고 마인드스톰Mindstorm 시리즈는 몇차례 업데이트를 거쳤다. 최근 버전은 레고 마인드스톰Mindstorm EV3라는 브랜드로 판매된다. 마인드스톰Mindstorm EV3 세트에는 터치, 밝기, 음향, 초음파 등의 센서가 포함되어 있다. 주파수를 이용해 대상을 식별하는 전자태그로 불리는 RFID radio-frequency identification 판독기도 별도 구매할 수 있다. PC에 연결하지 않고도 Robot Commander라는 명령 앱command app을 통해 EV3 블록 로봇과 상호 작용할 수 있다. Robot Commander는 레고 마인드스톰Mindstorm의 공식 명령 앱 중 하나다. Robot Commander는 블루투스Bluetooth를 통해 EV3 블록 로봇에 연결된다. 스마트 기기 등에서 무료로 다운로드할 수 있다(https://en.wikipedia.org/wiki/Lego).

분석

레고Lego 마인드스톰Mindstorm의 소비자 주도 제품개발 코칭coaching 위한 CPND 기제mechanism

레고는 마인드스톰Mindstorm 프로그래밍 소프트웨어SW를 개방형으로 설계한 후 소비자가 소프트웨어SW를 자유롭게 수정할 수 있도록 해킹 권리를 설명하고 코딩 매뉴얼을 제공한다. 이 때 레고가 개설한 온라인 포럼online forum은 그들이 신제품 아이디어를 서로 소통하고 자극받는 채널로 쓰인다. 레고는 개방형 프로그래밍 소프트웨어SW를 사용함으로써 마인드스톰 소비자가 핵심적인 제품개발과정인 아이디어 창출과 시제품 제작을 주도하도록 안내guidance하고 코칭coaching한다.

레고가 마인드스톰의 소비자 주도 제품개발 코칭coaching을 실행한 내역을 CPND 틀로 보자. 콘텐츠content로는 코딩 매뉴얼과 해킹 권리 안내, 플랫폼platform으로는 개방형 프로그래밍 소프트웨어SW와 온라인 포럼forum 채널, 네트워크network로 근거리 무선네트워크, 그리고 디바이스device로는 블록로봇이 적용되었다.

다양한 소비자 주도 마인드스톰 제품개발 사례들을 보면 개방형 프로그래밍 소프트웨어SW와 온라인 포럼forum 채널이 핵심적인 코칭coaching 도구 역할을 하는 것으로 보인다. 말하자면 플랫폼platform은 핵심 수단, 콘텐츠content, 네트워크network, 디바이스device는 보조 수단으로 기능하는 셈이다. 이를 정리하면 다음 <그림>과 같다.

<그림> 레고Lego 마인드스톰Mindstorm의 소비자 주도 제품개발 코칭coaching 위한 CPND 기제mechanism

사례 1-2

스레드리스Threadless의 소비자 주도 제품개발 코칭coaching

스레드리스Threadless는 2000년 설립하여 미국 시카고Chicago에 본사를 두고 있는 회화예술인 커뮤니티artist community 겸 전자상거래 웹사이트e-commerce website다. 스레드리스는 회화예술인들artists이 그들의 작품을 위한 캔버스로 사용할 수 있는 새로운 제품군을 사업영역으로 차례차례 도입하고 있다.

스레드리스의 경영활동 중 소비자 주도 제품개발 코칭coaching 전술의 예로 볼 수 있는 부분은 일주일 주기의 디자인 콘테스트design challenge다. 스레드리스는 매주 디자인 콘테스트design challenge를 진행한다. 디자인은 스레드리스 온라인 커뮤니티를 통해 수집되어 선별된다. 매주 약 1,000개의 디자인이 온라인 커뮤니티상의 디자인 제출 페이지로 업로드 된다. 스레드리스는 평균 점수와 커뮤니티 피드백을 바탕으로 매주 약 10개의 디자인을 선정해 의류, 장신구 등에 인쇄하여 온라인 스토어 등을 통해 전 세계로 판매한다.

대부분의 스레드리스 티셔츠는 스크린 프린팅 기법screen printing technique으로 인쇄된다. 스크린 프린팅screen printing은 망사 스크린의 미세한 공백들을 통해 셔츠에 수성 잉크를 도포하는 원리를 사용한다. 장점은 소규모 시설로 여러 색상의 곡면 인쇄가 가능하며 비용이 적게 든다는 점이다. 다만, 대량 인쇄에는 적합하지 않다는 점이 단점이다.

작품을 인쇄한 디자이너는 해당 제품 판매로부터 발생하는 이익의 20%를 로열티royalty로 월별 수령한다. 주간 디자인 콘테스트design challenge 우승자에게 2,500달러의 상금을 제공하던 스레드리스는 2014년부터 우승자에게 일종의 디지털 상품권인 기프트코드gift code 250달러 어치를 제공하고 판매에 대한 로열티royalty를 제공하고 있다. 물론 회화예술인이 본인 작품에 대한 대부분의 권리를 보유하는 식이다 (https://en.wikipedia.org/wiki/Threadless).

<그림> 스레드리스Threadless 주간 디자인 콘테스트design challenge

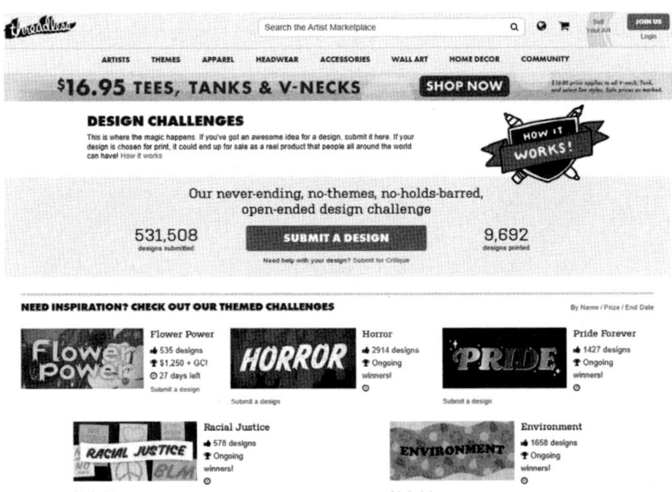

* 자료원: https://www.threadless.com/make/submit/

주간 디자인 콘테스트design challenge 외에도 스레드리스는 주제별 디자인 콘테스트design challenge를 진행한다. 이는 스레드리스가 디자인과 제품 구색을 주제별로 관리하는데 도움이 된다. 참가자 입장에서도 좋은 점이 있다. 주제별 디자인 콘테스트 수상자는 추가 현금 보상을 얻을 수 있다. 구체적으로 1등은 현금 1,250달러와 기프트코드 250달러, 2등은 현금 500달러와 기프트코드 250달러, 3등은 현금 250달러와 기프트코드 250달러를 받는다. 그 밖에도 모든 응모자의 디자인(1위 수상자 포함)은 인쇄되어 판매되는 경우 단위제품당 최대 20달러를 받게 된다 (https://www.threadless.com/flower-power/). 이는 소비자 만족도를 높이는데도 기여한다.

<그림> 스레드리스Threadless 주제별 디자인 콘테스트design challenge

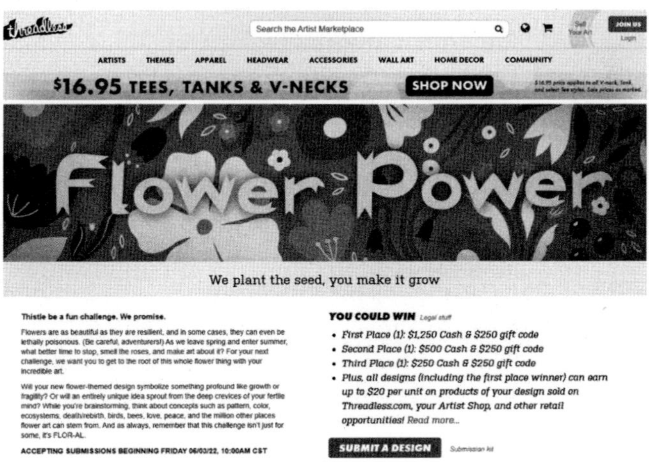

* 자료원: https://www.threadless.com/flower-power/

분석

스레드리스Threadless의 소비자 주도 제품개발 코칭coaching 위한 CPND 기제mechanism

스레드리스는 디자인 콘테스트design challenge를 운영함으로써 스레드리스 이용자가 핵심적인 제품개발과정인 디자인 작업을 주도하도록 안내guidance하고 코칭coaching한다.

스레드리스가 소비자 주도 제품개발 코칭coaching을 실행한 내역을 CPND 틀로 분석해 보면 다음과 같다. 우선 콘텐츠content로는 디자인 매뉴얼과 표준양식, 플랫폼platform으로는 디자인 콘테스트design challenge, 네트워크network로 광역네트워크, 그리고 디바이스device로는 PC, 스마트폰 등이 적용되었다.

실제 스레드리스의 소비자 주도 제품개발 사례들을 보면 디자인 콘테스트design challenge가 소비자 주도 제품개발 코칭coaching의 핵심 장치 역할을 하는 것으로 보인다.

말하자면 플랫폼platform이 핵심 수단, 콘텐츠content는 보조 수단, 네트워크network와 디바이스device는 기반 환경으로 기능하는 셈이다. 이를 정리하면 다음 <그림>과 같다.

<그림> 스레드리스Threadless의 소비자 주도 제품개발 코칭coaching 위한 CPND 기제mechanism

Check point

소비자 주도 제품개발 코칭coaching 전술 실행 시 고려사항

자 그러면 소비자 주도 제품개발 코칭coaching 전술을 실행하려면 무엇을 어떻게 해야 할까? 체크가 필요한 사항은 다음과 같다. 우선 코케팅Coarketing 대상으로 선정된 제품개발 세부과정을 주도할 파워 소비자들이 누구인지 파악해야 한다. 이어서 그들이 그 제품개발 세부과정을 효과적으로 주도하도록 안내하고 도울 수 있는 디지털 CPND 기제mechanism를 강구해야 한다. 어떤 디지털 CPND 기제mechanism를 운용할지 판단하기 위해 체크해야 할 몇 가지 예시 항목은 다음과 같다.

①그들이 이 제품개발 세부 과정을 효과적으로 주도하도록 지원하려면 그들에게 어떤 정보를 제공할 것인가?

②그들이 이 제품개발 세부 과정을 효과적으로 주도하도록 하려면 어떤 소프트웨어sw 기반 온라인 인프라를 구축할 것인가?

③그들이 이 제품개발 세부 과정을 효과적으로 주도하도록 하려면 어떤 통신망을 채택할 것인가?

④그들이 이 제품개발 세부 과정을 효과적으로 주도하도록 하려면 어떤 접속 기기를 채택할 것인가?

<표> 소비자 주도 제품개발 코칭coaching 전술 실행 시 체크리스트 예시

구분		체크리스트
소비자 consumer		제품개발 과정 중 소비자가 주도하고 기업이 코칭하는 것이 유리한 세부 과정은 무엇인가? 이 제품개발 세부 과정을 주도적으로 해결할 역량/지식/자원을 갖춘 소비자들은 누구인가?
디지털 CPND 기제 mechanism	콘텐츠 content	그들이 이 제품개발 세부 과정을 효과적으로 주도하도록 지원하려면 그들에게 어떤 정보를 제공할 것인가? 예컨대, 매뉴얼, 음원, 동영상, 위치정보, 행동데이터, AI에 의한 빅데이터 해석 등 다양한 정보 중 어떤 정보를 제공할 것인가?
	플랫폼 platform	그들이 이 제품개발 세부 과정을 효과적으로 주도하도록 어떤 소프트웨어SW 기반 온라인 인프라를 구축할 것인가? 예컨대, 온라인 커뮤니티, 디지털 시장, 소셜미디어, 웹페이지, 콘테스트 채널 등 다양한 형태 중 어떤 플랫폼을 구축할 것인가?
	네트워크 network	그들이 이 제품개발 세부 과정을 효과적으로 주도하도록 어떤 통신망을 채택할 것인가? 예컨대, WAN, MAN, LAN, PAN, BAN 중 어떤 네트워크를 채택할 것인가?
	디바이스 device	그들이 이 제품개발 세부 과정을 효과적으로 주도하도록 하려면 어떤 디바이스를 채택할 것인가? 예컨대, 스마트폰, PC, 3D프린터, 기타 접속 제품 중 어떤 디바이스를 채택할 것인가?

코케팅

Coarketing

제2유형

소비자 선택 코칭

'consumer choice' coaching

5

5

'consumer choice' coaching

소비자 선택 코칭coaching은 파워 소비자empowered consumer가 제품이나 서비스를 평가·선택하는 과정을 전적으로 주도하고, 마케터는 디지털 기술digital technology을 접목하여 이를 안내guidance하고 지도instruction하여 도움helping으로써 코칭coaching하는 방식의 코케팅Coarketing 전술을 말한다.

기업이 제시하는 제한된 특정 스타일의 제품이나 해결책 중에서 채택 여부 선택을 하게 되는 해결사마케팅solver marketing과 코케팅Coarketing은 다르다. 코케팅Coarketing에서 주도적으로 제품이나 서비스를 평가·선택하는 주체는 소비자다.

코케팅Coarketing 담당자는 파워 소비자empowered consumer가 제품이나 서비스를 평가 · 선택하는 과정을 효과적으로 주도하도록 다양한 CPND 영역의 디지털 기술을 유기적으로 적용하여 안내guidance하고 코칭coaching한다.

사례 2

스타벅스 코리아Starbucks Korea의 소비자 선택 코칭coaching

스타벅스Starbucks는 미국 시애틀에 본사를 둔 세계 최대 커피 전문점 및 로스터리roastery 매장 체인점이다. 1971년 커피 원두 소매점으로 출발한 스타벅스는 1980년대부터 커피전문점으로 성장해왔다. 스타벅스 코리아Starbucks Korea는 스타벅스 미국 본사와 신세계 그룹의 합작법인으로 출발하여 1999년 1호점을 오픈한 이래 1,000개 이상의 매장을 운영하고 있다. 2021년 지분변동이 발생하였으나 기본적으로 원두 구매, 매장 인테리어 등 본사와의 협업이 지속되고 있다.

스타벅스 코리아의 경영활동 중 소비자 선택 코칭coaching 전술의 예로 볼 수 있는 부분은 사이렌 오더Siren order 플랫폼이다. 스타벅스 코리아는 소비자에게 사이렌 오더를 내장한 스타벅스 앱을 제공하여 편리하게 제품선택지의 다양성을 누리도록 했다.

사이렌 오더는 2014년 5월 스타벅스 코리아에서 전세계 처음으

<그림> 스타벅스Starbucks 홈페이지

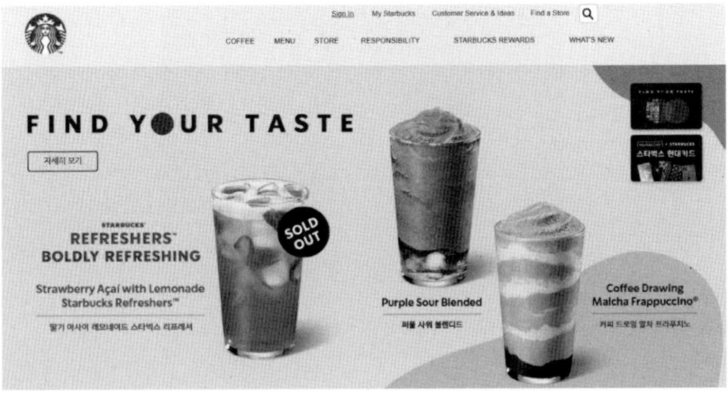

* 자료원: https://www.starbucks.co.kr/index.do

로 선보였다. 사이렌 오더는 사용자가 스타벅스 앱을 켜고 주문을 시작하면 매장을 자동으로 인식한다. 소비자는 사이렌 오더Siren order의 메뉴 선택을 통해 상세한 맞춤 메뉴를 주문할 수 있다. 스타벅스 코리아는 이를 통해 소비자에게 선택권한을 더 많이 넘겨주고 소비자 옆에서 안내guidance하고 돕는helping는 코칭coaching을 할 수 있다.

사이렌 오더가 내포된 스타벅스 앱이 매장 위치를 인식하는 방법은 두 가지다. 하나는 스마트폰 위치기반서비스(LBS)에 널리 쓰이는 GPS Global Positioning System다. 사용자는 GPS 기준으로 반경 2km 이내에 위치한 스타벅스 매장으로 사이렌 오더를 사용할 수 있다. 다른 하나는 초음파다. 스타벅스 앱을 처음 설치할 때 마이크의 접근을 요청한다. 스타벅스 매장을 자세히 보면 검은색 장

<그림> 스타벅스Starbucks 사이렌 오더Siren order

비가 천장에 매달려 있는 것을 볼 수 있다. 이 장비는 사람의 귀에는 들리지 않는 초음파를 쏘는 스피커다. 각 스타벅스 매장에는 자체 주파수가 할당된다. 스타벅스 앱은 스마트폰의 마이크를 통해 이 초음파를 인식하고 매장이 어디에 있는지 인식한다. 공기 진동을 이용하는 초음파는 바람 등 실외 환경의 영향을 덜

받는 매장 내 상황에서 주로 활용된다 (IT조선 2017.4.19., 한경닷컴 2022.5.18.).

사용자가 사이렌 오더로 커피 한 잔을 주문할 때도 기본 옵션과 퍼스널 옵션을 통해 (디)카페인 여부, 온도, 사이즈, 샷 추가 여부, 물 양, 얼음 양, 시럽 종류/양, 휘핑크림 종류/양, 드리즐 종류/양, 우유 종류/양 등 편리하게 선택 가능한 조합 수가 수만에 이른다. 사이렌 오더는 간단명료한 조작으로 극단적으로 맞춤화된 메뉴를 사용자가 경험하도록 돕는다.

사이렌 오더 주문 건수도 빠르게 늘고 있다. 2014년 5월 스타벅스 코리아의 사이렌 오더 도입 이후 2019년 9월 누적 주문 건수 1억건을 돌파할 때까지 5년 걸렸다면, 이후 누적 2억건까지는 겨우 1.5년 걸렸다고 한다. 근래 스타벅스 코리아 전체 주문·결제의 4분의 1이 사이렌 오더로 이뤄진다고 한다.

스타벅스 코리아Starbucks Korea의 소비자 선택 코칭coaching 위한 CPND 기제mechanism

스타벅스 코리아는 스타벅스 앱에 내장된 사이렌 오더Siren order 메뉴와 시스템을 운영함으로써 스타벅스 코리아 이용자가 맞춤화 된 메뉴를 수월하게 선택할 수 있도록 안내guidance하고 코칭coaching한다.

스타벅스 코리아가 소비자 선택 코칭coaching을 실행한 내역을 CPND 틀로 분석해 보면 다음과 같다. 우선 콘텐츠content로는 위치기반 매장 정보와 베스트셀러 메뉴, 플랫폼platform으로는 사이렌 오더Siren order 내장 스타벅스 앱application, 네트워크network로 도시/근거리 무선네트워크, 그리고 디바이스device로는 스마트폰 등이 적용되었다.

실제 스타벅스 코리아의 소비자 선택 사례들을 보면 사이렌 오더Siren order 내장 스타벅스 앱이 소비자 선택 코칭coaching의 핵심 도구 역할을 하는 것으로 보인다. 말하자면 플랫폼platform은 핵심 수단, 콘텐츠content와 네트워크network는 보조 수단, 디바이스device는 기반 환경으로 기능하는 셈이다. 이를 정리하면 다음 <그림>과 같다.

<그림> 스타벅스 코리아Starbucks Korea의 소비자 선택 코칭coaching 위한 CPND 기제mechanism

Check point

소비자 선택 코칭coaching 전술 실행 시 고려사항

소비자 선택 코칭coaching 전술 실행 시 체크가 필요한 사항은 다음과 같다. 먼저 코케팅Coarketing 대상으로 선정된 소비자 세부 평가·선택 과정을 주도할 파워 소비자들이 누구인지 파악해야 한다. 이어서 그들이 그 세부 평가·선택 과정을 효과적으로 주도하도록 안내하고 도울 수 있는 디지털 CPND 기제mechanism를 강구해야 한다. 어떤 디지털 CPND 기제mechanism를 운용할지 판단하기 위해 체크해야 할 몇 가지 예시 항목은 다음과 같다.

①그들이 이 제품 세부 평가·선택 과정을 효과적으로 주도하도록 지원하려면 그들에게 어떤 정보를 제공할 것인가?

②그들이 이 제품 세부 평가·선택 과정을 효과적으로 주도하도록 하려면 어떤 소프트웨어SW 기반 온라인 인프라를 구축할 것인가?

③그들이 이 제품 세부 평가·선택 과정을 효과적으로 주도하도록 하려면 어떤 통신망을 채택할 것인가?

④그들이 이 제품 세부 평가·선택 과정을 효과적으로 주도하도록 하려면 어떤 접속 기기를 채택할 것인가?

<표> 소비자 선택 코칭coaching 전술 실행 시 체크리스트 예시

<table>
<tr><th colspan="2">구분</th><th>체크리스트</th></tr>
<tr><td colspan="2">소비자
consumer</td><td>제품 평가·선택 과정 중 소비자가 주도하고 기업이 코칭하는 것이 유리한 세부 과정은 무엇인가?

이 제품 평가·선택 세부 과정을 주도할 소비자들은 누구인가?</td></tr>
<tr><td rowspan="4">디지털
CPND
기제
mechanism</td><td>콘텐츠
content</td><td>그들이 이 제품 평가·선택 세부 과정을 효과적으로 주도하도록 지원하려면 그들에게 어떤 정보를 제공할 것인가? 예컨대, 매뉴얼, 음원, 동영상, 위치정보, 행동데이터, AI에 의한 빅데이터 해석 등 다양한 정보 중 어떤 정보를 제공할 것인가?</td></tr>
<tr><td>플랫폼
platform</td><td>그들이 이 제품 평가·선택 세부 과정을 효과적으로 주도하도록 어떤 소프트웨어SW 기반 온라인 인프라를 구축할 것인가? 예컨대, 온라인 커뮤니티, 디지털 시장, 소셜미디어, 웹페이지, 콘테스트 채널 등 다양한 형태 중 어떤 플랫폼을 구축할 것인가?</td></tr>
<tr><td>네트워크
network</td><td>그들이 이 제품 평가·선택 세부 과정을 효과적으로 주도하도록 어떤 통신망을 채택할 것인가? 예컨대, WAN, MAN, LAN, PAN, BAN 중 어떤 네트워크를 채택할 것인가?</td></tr>
<tr><td>디바이스
device</td><td>그들이 이 제품 평가·선택 세부 과정을 효과적으로 주도하도록 어떤 디바이스를 채택할 것인가? 예컨대, 스마트폰, PC, 3D프린터, 기타 접속 제품 중 어떤 디바이스를 채택할 것인가?</td></tr>
</table>

코케팅

Coarketing

제3유형

소비자 소비 코칭

'consumer consumption' coaching

6

6

'consumer consumption' coaching'

소비자 소비 코칭coaching은 소비자가 구매한 제품이나 서비스를 실제 소비하는 과정을 주도하되, 마케터는 디지털 기술digital technology을 접목하여 이를 안내guidance하고 지도instruction하여 도움helping으로써 코칭coaching하는 코케팅Coarketing 방식을 말한다. 주도적으로 제품이나 서비스를 소비하는 주체는 소비자이지만, 코케팅Coarketing 담당자는 효과적인 소비가 이루어지도록 디지털 기술을 접목하여 안내guidance하고 도움helping으로써 코칭coaching한다.

코케팅Coarketing 담당자는 파워 소비자empowered consumer가 제품이나 서비스를 소비하는 과정을 효과적으로 주도하여 보다 높은 가치value를 향유하도록 다양한 CPND 영역의 디지털 기술을 유기적으로 적용하여 안내guidance하고 코칭coaching한다.

사례 3

넷플릭스Netflix의 소비자 소비 코칭coaching

넷플릭스Netflix는 1997년 8월 창립한 미국의 OTTover-the-top 스트리밍 서비스 회사다. 넷플릭스는 배급 계약을 통해 영화와 TV 시리즈를 제공하며 넷플릭스 오리지널스 Netflix Originals라는 자체 제작물도 제공한다. 2022년 기준으로 전 세계 2억명 이상의 가입자를 보유하고 있다. 넷플릭스는 컴퓨터의 인터넷 브라우저나 스마트 TV에 설치된 애플리케이션 소프트웨어, TV, 스마트폰, 비디오 게임 콘솔, 가상 현실 헤드셋 등을 통해 접속된다 (https://en.wikipedia.org/wiki/Netflix).

넷플릭스의 시작은 DVD대여 서비스였다. 넷플릭스는 개인 맞춤형 추천을 제공하기 위해 소비자의 DVD 대여 정보를 기반으로 영화를 추천하는 자체 알고리즘algorithm을 구축했다. 이 알고리즘은 "시네매치Cinematch"로 명명되었다. 이 알고리즘의 목표는 사용자의 영화 만족도 평점 예측이었다. 기다릴 필요 없이 바로 영

<그림> 동영상 추천이 반영되는 넷플릭스 Netflix 웹페이지

* 자료원: https://www.netflix.com /

상을 볼 수 있는 지금과 달리 DVD 타이틀을 주문해 집에서 받아보는 데 며칠이 걸렸다. 다음에 보고 싶은 DVD를 만나려면 미리 주문해야 했다. 시네매치 알고리즘은 사용자가 다음 비디오를 선택할 수 있도록 도와주었다.

넷플릭스의 경영활동 중 소비자 소비 코칭coaching 전술의 예로 볼 수 있는 부분은 기존 동영상 추천 알고리즘 시네매치Cinematch를 발전시켜 더 효과적인 동영상 추천을 제공하는 점이다.

2006년, 넷플릭스는 알고리즘 추천 결과를 개선하기 위한 넷플릭스 프라이즈Netflix Prize 콘테스트를 개최했다. 넷플릭스의 추천 시스템인 시네매치의 품질을 10% 이상 최고로 개선하는 사람(들)에게 100만 달러를 주겠다는 콘테스트였다. 더불어 넷플릭스는 방대한 영화 이용자 데이터베이스를 개방했다.

넷플릭스 프라이즈Netflix Prize가 발표되자마자 전세계에서 5,000팀이 달려들었고, 3년간 186개국에서 4만팀 이상의 데이터 분석가들이 넷플릭스 추천시스템의 성능 개선 콘테스트에 뛰어들었다. 결국 추천 알고리즘 성과를 10.06% 개선시킨 'BellKor's Pragmatic Chaos'팀이 우승했다. AT&T 벨 연구소 소속 연구원 세 명이 'BellKor'라는 팀으로 시작했는데, 호주의 'Big Chaos' 팀, 그리고 'Pragmatic Theory'팀과 결합해 'BellKor's Pragmatic Chaos'이 된 것이다. 이들은 3년 만에 넷플릭스 시네매치Cinematch의 정확도를 10% 개선하는데 성공한 것이다. 이때 개발된 알고리즘은 이후의 추천시스템 업그레이드에도 반영된 것으로 알려졌다 (동아사이언스, 2016.3.24.).

2007년 넷플릭스는 미국내 동영상 스트리밍 서비스를 시작했다. 이후 캐나다를 시점으로 전세계로 서비스 영역을 넓혔고, 최근 190여개국 2억여명의 가입자가 이용하고 있다. 넷플릭스는 가입자가 지루하지 않게 만족도를 유지할 수 있는 적합도 높은 동영상을 소비하도록 해야 한다. 이때 중요한 것이 동영상 추천이다. 가입자가 이탈하지 않고 구독을 이어갈 수 있는 힘이 여기서 나온다. DVD 대여 이용자와 스트리밍 서비스 이용자의 이용 패턴이 달라졌고, 전 세계로 서비스가 확대되면서 동영상을 추천할 때 고려해야 할 사항이 많아졌다.

넷플릭스는 자체 추천 알고리즘을 비교적 투명하게 공개한다. 선택영상 리스트, 배제영상 리스트, 시청시간(대), 시청 단말기, 좋아요 표시여부, 영상의 어느 지점에서 되감거나 멈추는지, 시청완료 여부, 좋아요 표시 여부 등이 사용되는 것으로 알려져 있다. 서비스 이용자는 수집된 정보 분석에 맞추어 분류된다. 보기 패턴이 유사한 이용자는 동일한 그룹으로 분류된다.

넷플릭스 추천 시스템에 또 다른 특별한 방법이 추가된다. 그것은 비디오에 태그를 붙이는 것이다. 인공지능artificial intelligence이나 인간이 비디오를 보는 방식으로 수행된다. '원작소설 기반 동영상', '우주 관련 동영상' 등의 태그가 예다. 사용자로부터 수집한 정보와 영상에 첨부된 태그 정보는 머신러닝machine learning이 적용된 알고리즘을 거쳐 추천에 활용된다.

넷플릭스는 추천 알고리즘 개선을 위한 노력을 계속하고 있다. 사용자가 클릭할 가능성이 높은 동영상을 추천할수록 플랫폼에 머무는 시간이 길어진다. 즉, 추천 알고리즘이 플랫폼을 성장시키는 핵심 요소인 셈이다 (전자신문, 2020.10.05.).

<그림> 넷플릭스 프라이즈Netflix Prize 콘테스트 당시 상황판

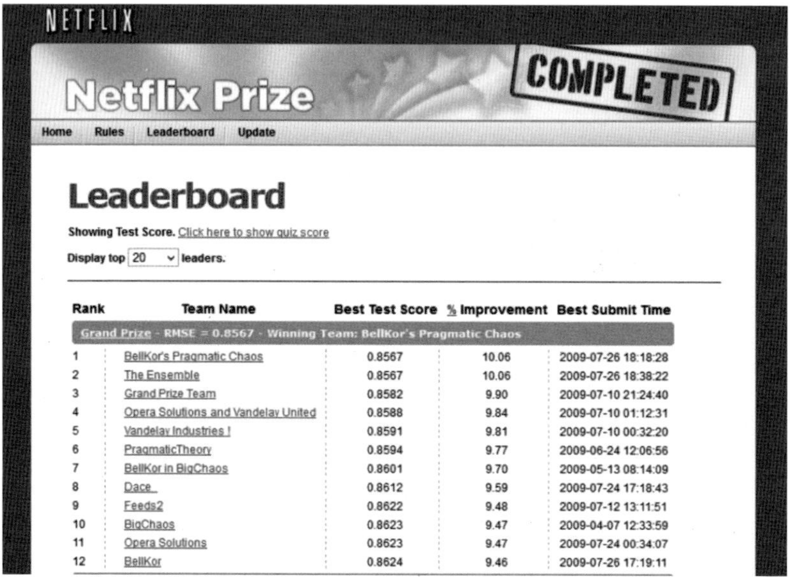
NETFLIX

Netflix Prize

COMPLETED

Home Rules Leaderboard Update

Leaderboard

Showing Test Score. Click here to show quiz score

Display top 20 leaders.

Rank	Team Name	Best Test Score	% Improvement	Best Submit Time
Grand Prize - RMSE = 0.8567 - Winning Team: BellKor's Pragmatic Chaos				
1	BellKor's Pragmatic Chaos	0.8567	10.06	2009-07-26 18:18:28
2	The Ensemble	0.8567	10.06	2009-07-26 18:38:22
3	Grand Prize Team	0.8582	9.90	2009-07-10 21:24:40
4	Opera Solutions and Vandelay United	0.8588	9.84	2009-07-10 01:12:31
5	Vandelay Industries !	0.8591	9.81	2009-07-10 00:32:20
6	PragmaticTheory	0.8594	9.77	2009-06-24 12:06:56
7	BellKor in BigChaos	0.8601	9.70	2009-05-13 08:14:09
8	Dace_	0.8612	9.59	2009-07-24 17:18:43
9	Feeds2	0.8622	9.48	2009-07-12 13:11:51
10	BigChaos	0.8623	9.47	2009-04-07 12:33:59
11	Opera Solutions	0.8623	9.47	2009-07-24 00:34:07
12	BellKor	0.8624	9.46	2009-07-26 17:19:11

* 자료원: https://www.netflix.com /

분석

넷플릭스Netflix의 소비자 소비 코칭coaching 위한 CPND 기제mechanism

넷플릭스는 넷플릭스 프라이즈Netflix Prize 콘테스트를 통해 기존 동영상 추천 알고리즘 시네매치Cinematch를 발전시켜 더 효과적인 동영상 추천을 함으로써 넷플릭스 이용자의 소비 후 만족도가 높아지도록 OTT 스트리밍 서비스 소비를 안내guidance하고 코칭coaching한다.

넷플릭스가 소비자 소비 코칭coaching을 실행한 내역을 CPND 틀로 살펴보자. 우선 콘텐츠content로는 시네매치Cinematch를 업그레이드한 동영상 추천, 플랫폼platform으로는 OTT 스트리밍, 네트워크network로 유/무선네트워크, 그리고 디바이스device로는 PC, 스마트폰, TV 등이 적용되었다.

실제 넷플릭스 이용자의 소비 사례들을 보면 시네매치Cinematch를 업그레이드한 동영상 추천이 소비자 소비 코칭coaching의 핵심 장치 역할을 하는 것으로 보인다. 말하자면 콘텐츠content는 핵심 도구, 플랫폼platform은 보조 도구, 네트워크network와 디바이스device는 기반 환경으로 기능하는 셈이다. 이를 정리하면 다음 <그림>과 같다.

<그림> 넷플릭스Netflix의 소비자 소비 코칭coaching 위한 CPND 기제mechanism

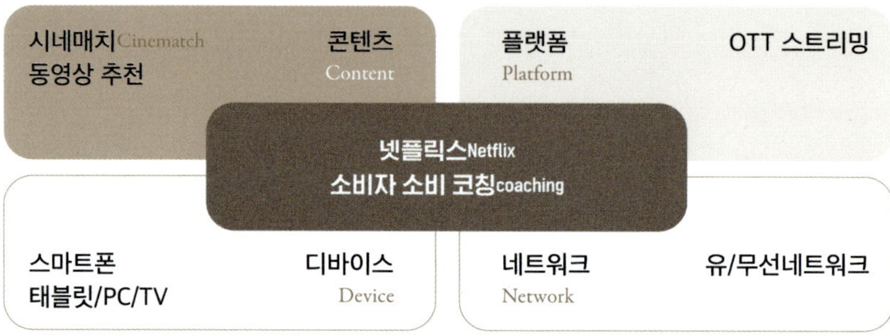

Check point

소비자 소비 코칭coaching 전술 실행 시 고려사항

소비자 소비 코칭coaching 전술 실행 시 체크가 필요한 사항은 다음과 같다. 우선 코케팅Coarketing 대상으로 선정된 세부 소비 과정을 실제로 담당할 소비자들이 누구인지 파악해야 한다. 이어서 그들이 그 세부 소비 과정을 효과적으로 주도하도록 안내하고 도울 수 있는 디지털 CPND 기제를 강구해야 한다. 어떤 디지털 CPND 기제mechanism를 운용할지 판단하기 위해 체크해야 할 몇 가지 예시 항목은 다음과 같다.

①그들이 이 세부 소비 과정을 효과적으로 주도하도록 지원하려면 그들에게 어떤 정보를 제공할 것인가?

②그들이 이 세부 소비 과정을 효과적으로 주도하도록 하려면 어떤 소프트웨어sw 기반 온라인 인프라를 구축할 것인가?

③그들이 이 세부 소비 과정을 효과적으로 주도하도록 하려면 어떤 통신망을 채택할 것인가?

④그들이 이 세부 소비 과정을 효과적으로 주도하도록 하려면 어떤 접속 기기를 채택할 것인가?

<표> 소비자 소비 코칭coaching 전술 실행 시 체크리스트 예시

구분		체크리스트
소비자 consumer		제품 소비 과정 중 소비자가 주도하고 기업이 코칭하는 것이 유리한 세부 과정은 무엇인가? 이 세부 소비 과정을 실제로 담당하는 소비자들은 누구인가?
디지털 CPND 기제 mechanism	콘텐츠 content	그들이 이 세부 소비 과정을 효과적으로 주도하고 활발히 상호작용하도록 지원하려면 그들에게 어떤 정보를 제공할 것인가? 예컨대, 매뉴얼, 음원, 동영상, 위치정보, 행동데이터, AI에 의한 빅데이터 해석 등 다양한 정보 중 어떤 정보를 제공할 것인가?
	플랫폼 platform	그들이 이 세부 소비 과정을 효과적으로 주도하고 활발히 상호작용하도록 하려면 어떤 소프트웨어SW 기반 온라인 인프라를 구축할 것인가? 예컨대, 온라인 커뮤니티, 디지털 시장, 소셜미디어, 웹페이지, 콘테스트 채널 등 다양한 형태 중 어떤 플랫폼을 구축할 것인가?
	네트워크 network	그들이 이 세부 소비 과정을 효과적으로 주도하고 활발히 상호작용하도록 하려면 어떤 통신망을 채택할 것인가? 예컨대, WAN, MAN, LAN, PAN, BAN 중 어떤 네트워크를 채택할 것인가?
	디바이스 device	그들이 이 세부 소비 과정을 효과적으로 주도하고 활발히 상호작용하도록 하려면 어떤 디바이스를 채택할 것인가? 예컨대, 스마트폰, PC, 3D프린터, 기타 접속 제품 중 어떤 디바이스를 채택할 것인가?

코케팅

Coarketing

제4유형

소비자 주도 가격결정 코칭

'consumer-led pricing' coaching

7

7

'consumer-led pricing' coaching

소비자 주도 가격결정 코칭coaching은 파워 소비자empowered consumer가 가격결정 과정을 주도하고, 마케터는 디지털 기술digital technology을 접목하여 이를 안내guidance하고 도움helping으로써 코칭coaching하는 방식의 가격 전술을 말한다.

기업이 가격결정 과정 전반을 주도적으로 진행하여 책정한 가격을 소비자가 수용할지 여부를 선택하는 전통적 마케팅과 코케팅Coarketing은 다르다. 코케팅Coarketing에서 가격결정을 주도하는 주인공은 소비자다.

소비자가 가격결정을 주도할 수 있는 기회는 해당 소비자가 심리적으로 증진된 파워를 경험하는 효과가 있다 (Barone 2017). 코케팅Coarketing 담당자는 다양한 CPND 영역의 디지털 기술을 유기적으로 적용하여 소비자가 가격결정 과정을 효과적으로 주도하도록 안내guidance하고 코칭coaching하는데 주력한다.

사례 4

록밴드 라디오헤드Radiohead band의 소비자 주도 가격결정 코칭coaching

라디오헤드Radiohead는 1985년 결성된 영국의 록밴드다. 라디오헤드는 톰 요크Thom Yorke (보컬, 기타, 피아노, 키보드), 조니 그린우드Jonny Greenwood (리드기타, 키보드, 기타), 콜린 그린우드Colin Greenwood (베이스), 에드 오브라이언Ed O'Brien (기타, 백 보컬), 필립 셀웨이Philip Selway (드럼, 퍼커션)로 구성되어 있다. 라디오헤드는 실험적 접근으로 유명하며, 얼터너티브 록 alternative rock 발전에 기여한 것으로 평가받고 있다.

라디오헤드의 활동 중 소비자 주도 가격결정 코칭coaching 전술의 예로 볼 수 있는 부분은 7집 앨범을 발표하면서 PWYWpay what you want 가격 전술을 실행한 점이다. 라디오헤드는 7집 앨범을 발표

<그림> 록밴드 라디오헤드Radiohead 공식 웹사이트

* 자료원: https://www.radiohead.com/library#httt

하면서 팬들에게 공식 웹사이트에서 새 앨범을 다운로드하고 그들이 원하는 만큼 지불할 수 있도록 했다. PWYW 가격 전술을 실행한 것이다. PWYW 가격 전략은 소비자가 구매할 가격을 판매자에게 통보하면 판매자가 거부 없이 받아들이는 소비자 주도적 가격결정 방식을 말한다. 말하자면, PWYW 가격 전술은 소비자에게 가격을 결정할 수 있는 권한을 주는 가격결정 방식이다. PWYW 가격에서는 구매자가 최종 가격을 정하고, 판매자는 구매자의 구매제안을 거절할 수 없다.

라디오헤드가 제시한 기간은 2007년 10월10일부터 12월10일까지였다. 팬들은 그들이 원한다면 심지어 아무것도 지불하지 않을 수 있었다. 다만 신용카드 수수료 45페니는 지불해야 했지만 말이다.

<그림> 록밴드 라디오헤드Radiohead 공식 웹사이트 7집 앨범 《In Rainbows》페이지

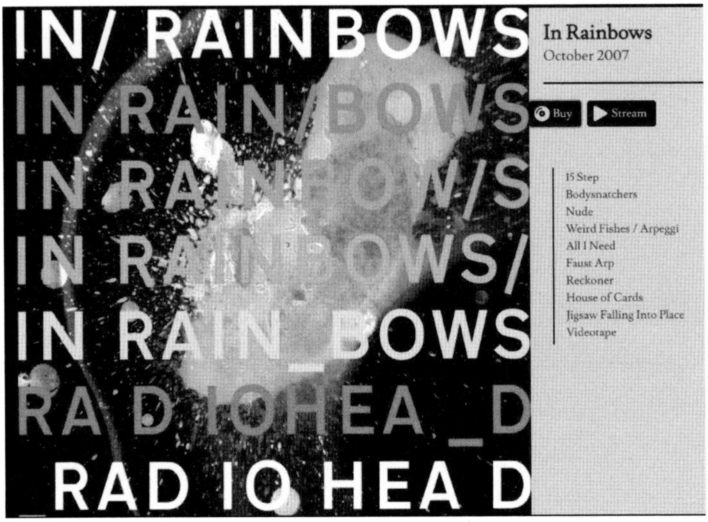

* 자료원: https://www.radiohead.com/library#ir/in-rainbows

라디오헤드의 7집 앨범 음반은 총 2백만 번 다운로드 되었다. 팬들이 지불한 가격은 45페니(거래 수수료)에서 99.99파운드까지 다양했다. 리드싱어 톰 요크Thom Yorke에 따르면, 라디오헤드는 PWYW 가격전략으로 이익을 얻을 수 있었다. 라디오헤드의 다른 스튜디오 음반의 디지털 다운로드 전체보다 7집 앨범 《In Rainbows》의 디지털 다운로드로 거둔 수익이 더 컸다 (Kim 2009).

분석

록밴드 라디오헤드Radiohead band의 소비자 주도가격결정 코칭coaching 위한 CPND 기제mechanism

라디오헤드Radiohead band는 공식 웹사이트에서 PWYW 결제시스템을 운영하여 라디오헤드 팬들이 7집 앨범 《In Rainbows》 구매과정에서 주도적으로 가격결정을 하도록 안내guidance하고 코칭coaching했다.

라디오헤드가 소비자 주도 가격결정 코칭coaching을 실행한 내역을 CPND 틀로 살펴보자. 우선 콘텐츠content로는 디지털 앨범 음원, 플랫폼platform으로는 공식 웹사이트와 PWYW 결제시스템, 네트워크network로 유/무선네트워크, 그리고 디바이스device로는 PC, 스마트폰 등이 적용되었다.

당시 라디오헤드의 소비자 주도 가격결정 사례들을 보면 공식 웹사이트와 연동한 PWYW 결제시스템이 소비자 주도 가격결정 코칭coaching의 핵심 장치 역할을 한 것으로 보인다. 말하자면 플랫폼platform은 핵심 도구, 콘텐츠content는 보조 도구, 네트워크network와 디바이스device는 기반 환경으로 기능한 셈이다. 이를 정리하면 다음 <그림>과 같다.

<그림> 라디오헤드Radiohead band의 소비자 주도 가격결정 코칭coaching 위한 CPND 기제mechanism

Check point

소비자 주도 가격결정 코칭coaching 전술 실행 시 고려사항

가격은 소비자에게 제품 소비로 문제를 해결하고 가치를 향유하기 위해 부담해야 하는 비용이다. 다른 조건이 유사하다면 가격이 낮을수록 순가치가 커져 소비자에게 더 유리하다. 소비자로서는 가격을 가급적 낮추고 싶어하기 마련이다. 소비자가 가격결정의 주도권을 행사할 수 있도록 허용하는 소비자 주도 가격결정 코칭 전술이 성공하려면 까다로운 조건이 맞아야 한다 (Marett 2012).

첫째, 한계비용이 낮은 제품에 적용할 때 위험이 낮고 성공 가능성이 더 높다. 소비자가 낮은 가격을 지불해도 감당할 수 있으려면 제조, 배송 등 한계비용이 늘 발생하는 물리적 제품보다는 한계비용이 낮은 디지털 제품에 적용할 때 성공 가능성이 더 높다 (Natter 2015). 둘째, 소비자가 일반적인 가격대를 알고 있을수록 적합하다. 셋째, 공정성을 갖춘 소비자에게 적용할 때 성공 가능성이 높다. 공정한 소비자는 제품이나 서비스의 반대편에 자신의 땀을 쏟아붓는 누군가가 있다는 것을 이해하고 마땅한 가격을 지불하려는 사람을 말한다 (Raju 2010). 넷째, 과거 경험을 통해 충성도 높은 관계를 형성한 소비자에게 적용할 때 성공 가능성이 높다.

소비자 주도 가격결정 코칭coaching 전술 실행 시 체크가 필요한 사항은 다음과 같다. 우선 코케팅Coarketing 대상으로 선정된 세부 가격결정 과정을 주도할 파워 소비자들이 누구인지 파악해야 한다. 이어서 그들이 이 세부 가격결정 과정을 효과적으로 주도하도록 안내하여 성과가 날 수 있도록 디지털 CPND 기제mechanism를 강구해야 한다. 어떤 디지털 CPND 기제를 운용할지 판단하기 위해 체크해야 할 몇 가지 예시 항목은 다음과 같다.

①그들이 이 세부 가격결정 과정을 효과적으로 주도하도록 지원하려면 그들에게 어떤 정보를 제공할 것인가?

②그들이 이 세부 가격결정 과정을 효과적으로 주도하도록 하려면 어떤 소프트웨어sw 기반 온라인 인프라를 구축할 것인가?

③그들이 이 세부 가격결정 과정을 효과적으로 주도하도록 하려면 어떤 통신망을 채택할 것인가?

④그들이 이 세부 가격결정 과정을 효과적으로 주도하도록 하려면 어떤 접속 기기를 채택할 것인가?

<표> 소비자 주도 가격결정 코칭coaching 전술 실행 시 체크리스트 예시

구분		체크리스트
소비자 consumer		가격결정 과정 중 소비자가 주도하고 기업이 코칭하는 것이 유리한 세부 과정은 무엇인가? 이 세부 가격결정 과정을 주도할 소비자들은 누구인가? 그들은 관련 제품 가격대를 알고 있는 소비자인가? 그들은 합당한 가격을 낼 의향이 있는 공정한 fair-minded 소비자인가? 그들은 기업이나 제품에 대한 충성도loyalty를 지니고 있는가?
디지털 CPND 기제 mechanism	콘텐츠 content	그들이 이 세부 가격결정 과정을 효과적으로 주도하도록 지원하려면 그들에게 어떤 정보를 제공할 것인가? 예컨대, 매뉴얼, 음원, 동영상, 위치정보, 행동데이터, AI에 의한 빅데이터 해석 등 다양한 정보 중 어떤 정보를 제공할 것인가? 디지털 음원, 동영상 등 한계비용이 낮은 디지털 콘텐츠 제품인가?
	플랫폼 platform	그들이 이 세부 가격결정 과정을 효과적으로 주도하도록 어떤 소프트웨어SW 기반 온라인 인프라를 구축할 것인가? 예컨대, 온라인 커뮤니티, 디지털 시장, 소셜미디어, 웹페이지, 콘테스트 채널 등 다양한 형태 중 어떤 플랫폼을 구축할 것인가?

구분		체크리스트
디지털 CPND 기제 mechanism	네트워크 network	그들이 이 세부 가격결정 과정을 효과적으로 주도하도록 어떤 통신망을 채택할 것인가? 예컨대, WAN, MAN, LAN, PAN, BAN 중 어떤 네트워크를 채택할 것인가?
	디바이스 device	그들이 이 세부 가격결정 과정을 효과적으로 주도하도록 어떤 디바이스를 채택할 것인가? 예컨대, 스마트폰, PC, 3D프린터, 기타 접속 제품 중 어떤 디바이스를 채택할 것인가?

코케팅

Coarketing

제5유형

소비자 주도 유통 코칭

'consumer-led distribution' coaching

8

8

'consumer-led distribution' coaching

소비자 주도 유통 코칭coaching은 파워 소비자empowered consumer가 유통과정을 주도하고, 마케터는 디지털 기술digital technology을 접목하여 이를 안내guidance하고 도움helping으로써 코칭coaching하는 방식의 유통 전술을 말한다.

기업이 유통관리 의사결정 과정 전반을 주도적으로 진행하여 설계한 유통경로를 소비자가 수용할지 여부를 선택하는 전통적 마케팅과 코케팅Coarketing은 다르다. 코케팅Coarketing에서 유통을 주도하는 주인공은 파워 소비자empowered consumer다.

코케팅Coarketing 담당자는 다양한 CPND 영역의 디지털 기술을 유기적으로 적용하여 파워 소비자empowered consumer가 유통을 주도하는 과정을 안내guidance하고 코칭coaching하는데 주력한다.

사례 5

HUL Hindustan Unilever Limited의
소비자 주도 유통 코칭coaching

HUL Hindustan Unilever Limited은 생활용품 다국적기업인 유니레버Unilever의 인도 자회사다. 20세기말 HUL은 주민 1,000명 이하 작은 시골 마을로 유통 경로를 구축할 방법을 찾고 있었다. HUL이 주도하는 전통적인 마케팅 방식으로 곳곳에 산재한 작은 시골 마을로 유통 경로를 구축하는 데는 비용이 너무 많이 들어 난관에 처해 있었다. 2001년 HUL은 낙후된 시골 소비자 공동체 내부의 여성들이 현지유통last mile delivery을 주도하도록 하는 Shakti 프로젝트를 시작했다. Shakti 프로젝트는 발상 전환으로 찾아낸 코케팅Coarketing 식 해법이었다. 참가자의 경제적 자활도 중요한 목표였다.

20여년이 경과한 최근 18개 주 12만여 명의 여성이 창업 소매상으로서 Shakti 프로젝트에 참여하고 있다. 이들은 “Shakti Ammas”라 불린다. ‘Shakti’는 ‘힘’을 의미하고 ‘Amma’는 ‘어머니’를 의미

<그림> Hindustan Unilever Limited (HUL) 생활용품 브랜드

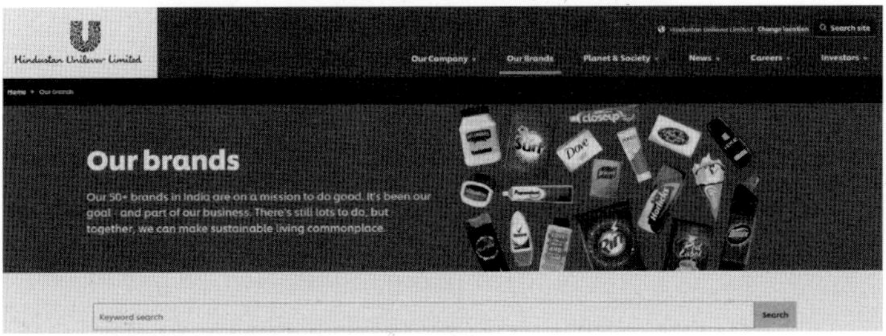

* 자료원: https://www.hul.co.in/brands/

한다. 이들 Shakti Ammas 여성 소매상은 재고관리부터 유통관리까지 다양한 소매업 운영방법에 대한 교육을 받고 현지유통last mile delivery을 주도한다. 이들은 매달 월평균 가계 소득의 두 배인 10-14달러의 지속 가능한 수입을 얻는 것으로 알려져 있다(Accounting for sustainability 2019, Ministry of External Affairs 2021).

알려진 Shakti 프로젝트의 활성화 요인 중 하나가 'i-Shakti'다. HUL Hindustan Unilever Limited의 경영활동 중 소비자 주도 유통 코칭coaching 전술의 예로 볼 수 있는 부분이 'i-Shakti 프로젝트'다. 2004년 HUL은 안드라 프라데시Andhra Pradesh 정부와 협력하여 주 전역에 IT 커뮤니티 포털인 'i-Shakti'를 설치하기 시작했다.

i-Shakti는 Shakti Ammas 여성 소매상들이 주도적으로 운영하는 키오스크kiosk 네트워크로서 인터넷 연결이 가능하다. 마을 사람들이 지역 언어로 개발된 무료 콘텐츠에 접속하거나 HUL제품, 보건/위생, 농업, 교육, 금융 및 고용을 포함한 광범위한 주제에

<그림> Hindustan Unilever Limited (HUL) 공식 웹사이트 Shakti 프로젝트 소개

* 자료원: https://www.hul.co.in/planet-and-society/case-studies/enhancing-livelihoods-through-project-shakti/

대한 정보를 얻을 수 있도록 설치되었다.

각 i-Shakti 키오스크는 개인 소유이며, 네트워크상의 다른 모든 키오스크와 독립적으로 작동하지만 전화접속 방식으로 데이터를 동기화할 수 있는 중앙 서버에 연결된 데스크톱 PC 시스템으로 구성된다. i-Shakti 소프트웨어SW는 적합한 사양의 PC에 설치되어야 하며, 일단 PC에 설치되면 키오스크 역할을 하게 된다.

키오스크 소유자는 데이터를 일 1회 중앙 서버로 전송하여 동기화하게 된다. 키오스크 소유자는 마을 주민이 신규 사용자로서 i-Shakti 시스템을 사용할 때 등록하고 안내하는 것을 돕는다. 중앙 서버는 키오스크가 오프라인 모드에서 작동할 수 있도록 특별히 개발된 압축 데이터 동기화 기반 대화 기술을 통해 수천 개의 키오스크와 통신한다. 이를 통해 키오스크 소유자의 운영 비용이 절감되는 동시에 매일 중앙 서버에 연결하여 양방향 데이터 업데이트를 할 수 있다.

안드라 프라데시 주 곳곳에 설치된 기술지원팀도 주 내 키오스크에서 발생하는 문제를 모니터링하고 해결한다. 전담 기술관리자가 각각 40개의 키오스크 kiosk의 다양한 기술적 문제를 담당하여 해결한다 (Digit news, 2006.4.1.).

Shakti Ammas 여성 소매상이 i-Shakti 키오스크를 운영하면서 마을 주민을 접촉하는 과정은 HUL 제품을 유통하는데 중요한 기회로 작용한다.

팬데믹Pandemic 기간 동안에도 Shakti 네트워크는 HUL 유통전략의 일익을 충분히 감당해냈다. 지난 4년 동안 Shakti 네트워크는 두 배로 증가했다. Shakti Ammas 여성 소매상들의 활약으로 HUL은 자사 제품의 유통 도달 범위를 인도 전역의 1,000명 이하 소규모 시골마을 중 절반 정도까지 확장할 수 있었다.

HUL의 소비자 주도 유통 코칭coaching 위한 CPND 기제mechanism

HUL은 i-Shakti 키오스크로 이루어진 i-Shakti 시스템을 운영하여 소규모 시골마을 소비자 공동체가 HUL의 생필품을 구매하는 과정에서 공동체 일원인 Shakti Ammas 여성 창업 소매상이 주도적으로 현지유통last mile delivery을 하도록 안내guidance하고 코칭coaching 한다.

HUL이 소비자 주도 유통 코칭coaching을 실행한 내역을 CPND 틀로 살펴보자. 우선 콘텐츠content로는 HUL 제품, 보건/위생, 농업, 교육, 금융, 고용 등 생활 콘텐츠, 플랫폼platform으로는 i-Shakti 소프트웨어 시스템, 네트워크network로 유선통신네트워크, 그리고 디바이스device로는 i-Shakti 키오스크 등을 적용했다.

실제 HUL의 소비자 주도 유통 사례들을 보면 생활 콘텐츠가 흐르는 i-Shakti 키오스크 중심의 i-Shakti 시스템이 소비자 주도 유통 코칭coaching의 핵심 장치 역할을 하는 것으로 보인다. 말하자면 플랫폼platform과 디바이스device는 핵심 도구, 콘텐츠content는 보조 도구, 네트워크network는 기반 환경으로 기능하는 셈이다. 이를 정리하면 다음 <그림>과 같다.

<그림> HUL의 소비자 주도 유통 코칭coaching 위한 CPND 기제mechanism

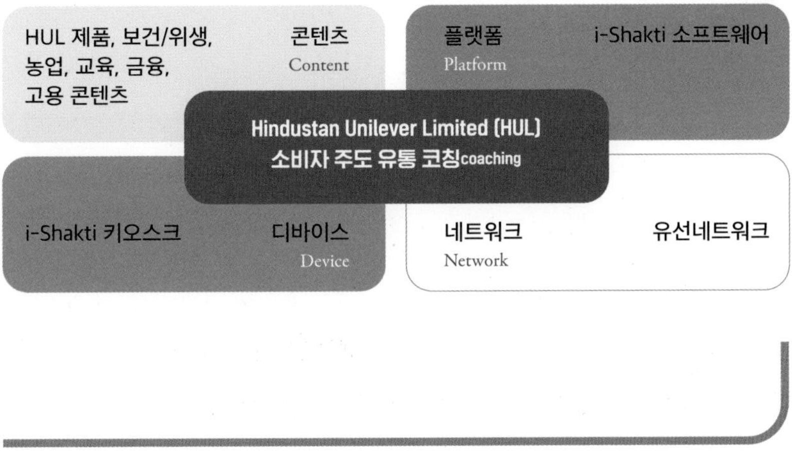

Check point

소비자 주도 유통 코칭coaching 전술 실행 시 고려사항

소비자 주도 유통 코칭coaching 전술 실행 시 체크가 필요한 사항은 다음과 같다. 먼저 코케팅Coarketing 대상으로 선정된 세부 유통 과정을 주도할 파워 소비자들이 누구인지 파악해야 한다. 이어서 그들이 이 세부 유통 과정을 효과적으로 주도하도록 안내하고 도울 수 있는 디지털 CPND 기제mechanism를 강구해야 한다. 어떤 디지털 CPND 기제mechanism를 운용할지 판단하기 위해 체크해야 할 몇 가지 예시 항목은 다음과 같다.

①그들이 이 세부 유통 과정을 효과적으로 주도하도록 지원하려면 그들에게 어떤 정보를 제공할 것인가?

②그들이 이 세부 유통 과정을 효과적으로 주도하도록 하려면 어떤 소프트웨어SW 기반 온라인 인프라를 구축할 것인가?

③그들이 이 세부 유통 과정을 효과적으로 주도하도록 하려면 어떤 통신망을 채택할 것인가?

④그들이 이 세부 유통 과정을 효과적으로 주도하도록 하려면 어떤 접속 기기를 채택할 것인가?

<표> 소비자 주도 유통 코칭coaching 전술 실행 시 체크리스트 예시

구분		체크리스트
소비자 consumer		유통 과정 중 소비자가 주도하고 기업이 코칭하는 것이 유리한 세부과정은 무엇인가? 이 세부 유통 과정을 주도적으로 해결할 역량/지식/자원을 갖춘 소비자들은 누구인가?
디지털 CPND 기제 mechanism	콘텐츠 content	그들이 이 세부 유통 과정을 효과적으로 주도하도록 그들에게 어떤 정보를 제공할 것인가? 예컨대, 매뉴얼, 음원, 동영상, 위치정보, 행동데이터, AI에 의한 빅데이터 해석 등 다양한 정보 중 어떤 정보를 제공할 것인가?
	플랫폼 platform	그들이 이 세부 유통 과정을 효과적으로 주도하도록 어떤 소프트웨어SW 기반 온라인 인프라를 구축할 것인가? 예컨대, 온라인 커뮤니티, 디지털 시장, 소셜미디어, 웹페이지, 콘테스트 채널 등 다양한 형태 중 어떤 플랫폼을 구축할 것인가?
	네트워크 network	그들이 이 세부 유통 과정을 효과적으로 주도하도록 어떤 통신망을 채택할 것인가? 예컨대, WAN, MAN, LAN, PAN, BAN 중 어떤 네트워크를 채택할 것인가?
	디바이스 device	그들이 이 세부 유통 과정을 효과적으로 주도하도록 어떤 디바이스를 채택할 것인가? 예컨대, 스마트폰, PC, 3D프린터, 기타 접속 제품 중 어떤 디바이스를 채택할 것인가?

코케팅

Coarketing

제6유형

소비자 주도 출시 전
커뮤니케이션 코칭

'consumer-led pre-launch
communication' coaching

9

9

'consumer-led pre-launch communication' coaching

소비자 주도 출시 전 커뮤니케이션 코칭coaching은 파워 소비자empowered consumer가 문제를 인식하고 솔루션을 발견한 후 평가 · 선택하는 과정을 주도하고, 마케터는 디지털 기술digital technology을 접목하여 이를 안내guidance하고 도움helping으로써 코칭coaching하는 방식의 코케팅Coarketing 전술을 말한다.

출시 전 신제품개발 과정을 기업이 전담하는 전통적 마케팅과 코케팅은 다르다. 코케팅Coarketing에서 문제 인식, 솔루션 발견 · 평가 · 선택을 주도하는 주체는 소비자다.

코케팅Coarketing 담당자는 다양한 CPND 영역의 디지털 기술을 유기적으로 적용하여 파워 소비자empowered consumer가 문제를 인식하고 그 문제 해결책을 발견 · 평가 · 선택하는 과정을 주도하도록 안내guidance하고 코칭coaching하는데 주력한다.

사례 6

스레드리스Threadless의 소비자 주도 출시 전 커뮤니케이션 코칭coaching

스레드리스Threadless의 경영활동 중 출시 전 커뮤니케이션 코칭coaching 전술의 예로 볼 수 있는 부분은 디자인 선정 투표시스템voting system과 주제별 온라인 포럼online forum이다. 스레드리스는 이용자가 디자인에 대해 투표할 수 있는 투표시스템voting system을 운영한다. 이용자는 스레드리스 웹사이트 투표시스템을 통해 자신의 의견을 1-5 등급으로 표현할 수 있다. 각 디자인은 1주일 동안 점수를 매긴 후 스레드리스 직원의 검토를 거쳐 최고 점수를 받은 디자인 중 약 10개의 디자인을 선정해 인쇄하여 출시한다.

스레드리스는 회화예술인 상점, 팁 및 요령, 예술 및 디자인, 프로젝트를 포함한 다양한 주제별 온라인 포럼online forum을 운영한다. 온라인 포럼online forum은 자신의 디자인에 대한 피드백을 받고

<그림> 스레드리스Threadless 투표 페이지

* 자료원: https://www.threadless.com/designs/

자 하는 디자이너나 전체 프로세스에 대한 도움이 필요한 디자이너에 초점을 맞추어 운영한다. 온라인 포럼을 통해 스레드리스 이용자는 피드백을 받고자 하는 디자인을 중심으로 서로 의견을 소통할 수 있다 (https://en.wikipedia.org/wiki/Threadless).

<그림> 스레드리스Threadless 온라인 포럼online forum

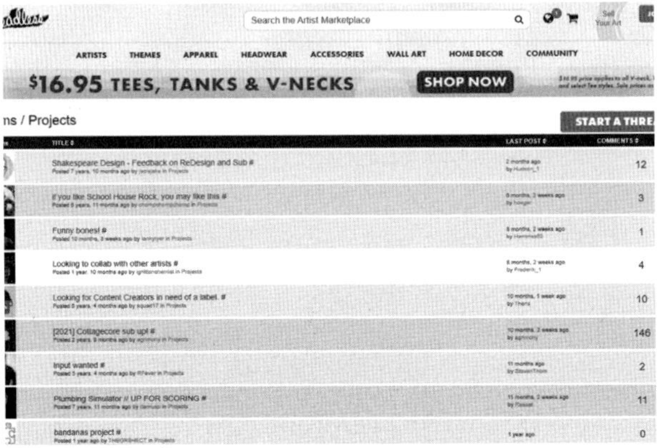

* 자료원: https://www.threadless.com/forum/projects

분석

스레드리스Threadless의 소비자 주도 출시 전 커뮤니케이션 코칭coaching 위한 CPND 기제mechanism

스레드리스는 투표시스템voting system과 온라인 포럼online forum을 운영함으로써 스레드리스 이용자가 제품 출시 전 커뮤니케이션communication을 주도적으로 진행하는 것을 안내guidance하고 코칭coaching한다.

스레드리스가 소비자 주도 출시 전 커뮤니케이션 코칭coaching을 실행한 내역을 CPND 틀로 분석해 보면 다음과 같다. 우선 콘텐츠content로는 디자인과 안내 매뉴얼, 플랫폼platform으로는 온라인 포럼forum과 원격투표 시스템, 네트워크network로 유/무선네트워크, 그리고 디바이스device로는 PC, 스마트폰 등이 적용되었다.

실제 스레드리스의 소비자 주도 출시 전 커뮤니케이션 사례들을 살펴보면 온라인 포럼forum과 원격투표 시스템system이 스레드리스의 소비자 주도 출시 전 커뮤니케이션 코칭coaching의 핵심 장치 역할을 하는 것으로 보인다. 말하자면 플랫폼platform은 핵심 도구, 콘텐츠content는 보조 도구, 네트워크network와 디바이스device는 기반 환경으로 기능하는 셈이다. 이를 정리하면 다음 <그림>과 같다.

<그림> 스레드리스Threadless의 소비자 주도 출시 전 커뮤니케이션 코칭coaching 위한 CPND 기제mechanism

Check point

소비자 주도 출시 전 커뮤니케이션 코칭coaching 전술 실행 시 고려사항

소비자 주도 출시 전 커뮤니케이션 코칭coaching 전술 실행 시 체크가 필요한 사항은 다음과 같다. 우선 코케팅Coarketing 대상으로 선정된 출시 전 커뮤니케이션 세부 과정을 주도할 파워 소비자들이 누구인지 파악해야 한다. 이어서 그들이 이 출시 전 커뮤니케이션 세부 과정을 효과적으로 주도하도록 안내하고 도울 수 있는 디지털 CPND 기제mechanism를 강구해야 한다. 어떤 디지털 CPND 기제를 운용할지 판단하기 위해 체크해야 할 몇 가지 예시 항목은 다음과 같다.

①그들이 이 출시 전 커뮤니케이션 세부 과정을 효과적으로 주도하도록 지원하려면 그들에게 어떤 정보를 제공할 것인가?

②그들이 이 출시 전 커뮤니케이션 세부 과정을 효과적으로 주도하도록 하려면 어떤 소프트웨어sw 기반 온라인 인프라를 구축할 것인가?

③그들이 이 출시 전 커뮤니케이션 세부 과정을 효과적으로 주도하도록 하려면 어떤 통신망을 채택할 것인가?

④그들이 이 출시 전 커뮤니케이션 세부 과정을 효과적으로 주도하도록 하려면 어떤 접속 기기를 채택할 것인가?

<표> 소비자 주도 출시 전 커뮤니케이션 코칭coaching 전술 실행 시 체크리스트 예시

구분		체크리스트
소비자 consumer		출시 전 커뮤니케이션 과정 중 소비자가 주도하고 기업이 코칭하는 것이 유리한 세부 과정은 무엇인가? 이 출시 전 커뮤니케이션 세부 과정을 주도할 역량/지식/자원을 갖춘 소비자들은 누구인가?
디지털 CPND 기제 mechanism	콘텐츠 content	그들이 이 출시 전 커뮤니케이션 세부 과정을 효과적으로 주도하고 활발히 상호작용하도록 하려면 그들에게 어떤 정보를 제공할 것인가? 예컨대, 매뉴얼, 음원, 동영상, 위치정보, 행동데이터, AI에 의한 빅데이터 해석 등 다양한 정보 중 어떤 정보를 제공할 것인가?
	플랫폼 platform	그들이 이 출시 전 커뮤니케이션 세부 과정을 효과적으로 주도하고 활발히 상호작용하도록 하려면 어떤 소프트웨어SW 기반 온라인 인프라를 구축할 것인가? 예컨대, 온라인 커뮤니티, 디지털 시장, 소셜미디어, 웹페이지, 콘테스트 채널 등 다양한 형태 중 어떤 플랫폼을 구축할 것인가?
	네트워크 network	그들이 이 출시 전 커뮤니케이션 세부 과정을 효과적으로 주도하고 활발히 상호작용하도록 하려면 어떤 통신망을 채택할 것인가? 예컨대, WAN, MAN, LAN, PAN, BAN 중 어떤 네트워크를 채택할 것인가?
	디바이스 device	그들이 이 출시 전 커뮤니케이션 세부 과정을 효과적으로 주도하고 활발히 상호작용하도록 하려면 어떤 디바이스를 채택할 것인가? 예컨대, 스마트폰, PC, 3D 프린터, 기타 접속 제품 중 어떤 디바이스를 채택할 것인가?

코케팅

Coarketing

제7유형

소비자 주도 구매 후
커뮤니케이션 코칭

'consumer-led after-purchase
communication' coaching

10

10

'consumer-led after-purchase communication' coaching

소비자 주도 구매 후 커뮤니케이션 코칭coaching은 파워 소비자empowered consumer가 소비과정과 소비 후 과정에서 각종 커뮤니케이션을 주도하고, 마케터는 디지털 기술digital technology을 접목하여 이를 안내guidance하고 지도instruction하여 도움helping으로써 코칭coaching하는 코케팅Coarketing 방식을 말한다.

소비와 소비 후 단계에서 소비자 간 커뮤니케이션에 제대로 대처한 사례가 많지 않은 전통적 마케팅과 코케팅Coarketing은 다르다. 코케팅Coarketing에서 소비와 소비 후 과정에서 각종 커뮤니케이션하는 과정을 주도하는 주체는 소비자다.

코케팅Coarketing 담당자는 다양한 CPND 영역의 디지털 기술을 유기적으로 적용하여 파워 소비자empowered consumer가 소비과정과 소비 후 과정에서 각종 커뮤니케이션을 주도하도록 안내guidance하고 코칭coaching하는 데 주력한다.

사례 7

옐프Yelp의 소비자 주도 구매 후 커뮤니케이션 코칭coaching

2004년 설립된 옐프Yelp는 Yelp.com 웹사이트와 Yelp 모바일 앱을 운용하는 미국의 온라인 리뷰플랫폼online review platform 업체다. 옐프 이용자는 2021년말 기준으로 약 2억 4천만개의 리뷰를 참고할 수 있다. Yelp.com에는 식당이나 학교와 같은 개별 위치별로 전용 페이지가 있다. 등재 업체는 연락처, 시간, 기타 기본 목록 정보를 업데이트하거나 특가 상품을 추가할 수 있다. 옐프의 주수입원은 광고와 후원이다. 광고주는 옐프 이용자 검색 결과의 맨 위에 자신들의 브랜드는 노출시켜주는 광고에 비용을 지불한다. 중장기적 신뢰성 관리 차원에서 옐프는 별 3개 이상의 등급을 받은 기업 위주로 광고를 실행하는 방안을 추진중이다.

<그림> 옐프Yelp의 공식 웹사이트

* 자료원: https://www.yelp.com/

옐프의 경영활동 중 소비자 주도 구매 후 커뮤니케이션 코칭coaching 전술의 예로 볼 수 있는 부분은 리뷰 웹사이트review website와 리뷰 앱review app으로 구성된 리뷰 플랫폼platform이다.

옐프 이용자는 리뷰 플랫폼platform으로 별 1개에서 5개까지의 등급으로 제품이나 서비스를 평가하는 리뷰review를 할 수 있다. Yelp.com에 등재된 업체의 78%가 별 3개 이상의 등급을 받는다. 2008년부터 사업주가 리뷰review에 회신할 수 있다. 검토자에게 메시지를 보내거나 기업 프로필 페이지에 공개적으로 응답할 수 있다.

<그림> 옐프Yelp의 공식 웹사이트 리뷰 검색 페이지

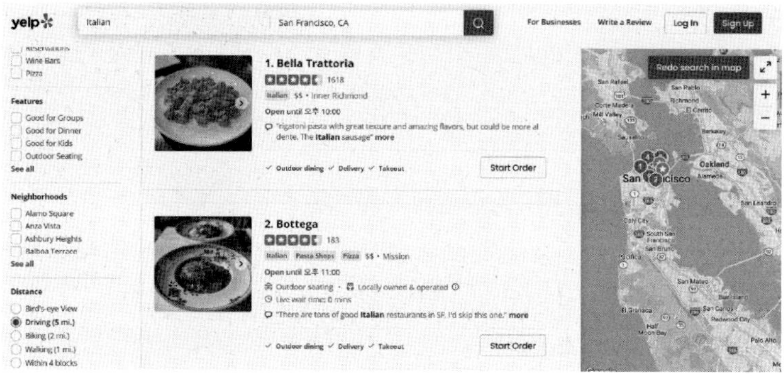

* 출처: https://www.yelp.com/search?cflt=italian&find_loc=San+Francisco%2C+CA

많은 옐프 리뷰어reviewer는 자신을 표현하기 위해 리뷰review를 작성한다. 종종 새로운 위치의 최초 리뷰어가 되는 명예 또는 다른 이용자의 칭찬과 관심이 동기가 되기도 한다. 매일 사용자의 투표로 "오늘의 리뷰Review of the Day"를 선정한다. 매년 일부 옐프Yelp 커뮤니티 구성원들은 옐프 엘리트 팀원Elite Squad으로 지명된다. 리뷰의 질과 양 평가가 반영된다. 실명과 옐프에 있는 사진을 사용해야 엘리트 팀원 지명 자격을 얻을 수 있다.

엘리트 팀원들은 그들이 얼마나 오랫동안 엘리트 팀원이었는가에 따라 다른 색깔의 배지를 받는다. 옐프 엘리트 팀원은 특별한 오프닝 파티에 초대되고, 선물을 받거나, 다른 특전을 받는다. 2017년 기준으로 북미에서만 80개 이상의 지역 엘리트 팀Elite Squad이 있는 것으로 알려져 있다. 엘리트 팀원 수는 수천 명에 달하는 것으로 추정된다. (https://en.wikipedia.org/wiki/Yelp).

<그림> 옐프Yelp의 공식 웹사이트 엘리트 팀Elite Squad 페이지

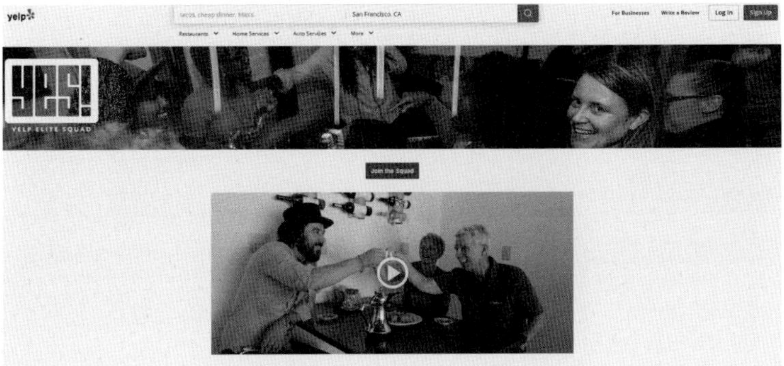

* 출처: https://www.yelp.com/elite

분석

옐프Yelp의 소비자 주도 구매 후 커뮤니케이션 코칭coaching 위한 CPND 기제mechanism

옐프는 리뷰 웹사이트review website와 리뷰 앱review app을 운영함으로써 리뷰어reviewer가 업체별 평점rating과 이용자 리뷰review를 다른 옐프 이용자와 등재 업체에 전달하는 구매 후 커뮤니케이션communication을 주도하도록 안내guidance하고 코칭coaching한다.

옐프가 소비자 주도 구매 후 커뮤니케이션 코칭coaching을 실행한 내역을 CPND 틀을 통해 살펴보자. 우선 콘텐츠content로는 업체

정보, 이용자 리뷰와 리뷰안내 매뉴얼, 플랫폼platform으로는 리뷰 웹사이트review website와 리뷰 앱review app, 네트워크network로 유/무선네트워크, 그리고 디바이스device로는 PC, 스마트폰 등이 적용되었다.

실제 옐프의 소비자 주도 구매 후 커뮤니케이션 사례들을 보면 리뷰 웹사이트review website와 리뷰 앱review app이 소비자 주도 구매 후 커뮤니케이션 코칭coaching의 핵심 장치 역할을 하는 것으로 보인다. 말하자면 플랫폼platform은 핵심 도구, 콘텐츠content는 보조 도구, 네트워크network와 디바이스device는 기반 환경으로 기능하는 셈이다. 이를 정리하면 다음 <그림>과 같다.

<그림> 옐프Yelp의 소비자 주도 구매 후 커뮤니케이션 코칭coaching 위한 CPND 기제mechanism

Check point

소비자 주도 구매 후 커뮤니케이션 코칭coaching 전술 실행 시 고려사항

소비자 주도 구매 후 커뮤니케이션 코칭coaching 전술 실행 시 체크가 필요한 사항은 다음과 같다. 우선 코케팅Coarketing 대상으로 선정된 구매 후 커뮤니케이션 세부 과정을 주도할 파워 소비자들이 누구인지 파악해야 한다. 이어서 그들이 이 구매 후 커뮤니케이션 세부 과정을 효과적으로 주도하도록 안내하고 도울 수 있는 디지털 CPND 기제mechanism를 강구해야 한다. 어떤 디지털 CPND 기제를 운용할지 판단하기 위해 체크해야 할 몇 가지 예시 항목은 다음과 같다.

①그들이 이 구매 후 커뮤니케이션 세부 과정을 효과적으로 주도하도록 지원하려면 그들에게 어떤 정보를 제공할 것인가?

②그들이 이 구매 후 커뮤니케이션 세부 과정을 효과적으로 주도하도록 하려면 어떤 소프트웨어sw 기반 온라인 인프라를 구축할 것인가?

③그들이 이 구매 후 커뮤니케이션 세부 과정을 효과적으로 주도하도록 하려면 어떤 통신망을 채택할 것인가?

④그들이 이 구매 후 커뮤니케이션 세부 과정을 효과적으로 주도하도록 하려면 어떤 접속 기기를 채택할 것인가?

<표> 소비자 주도 구매 후 커뮤니케이션 코칭coaching 전술 실행 시 체크리스트 예시

구분		체크리스트
소비자 consumer		구매 후 커뮤니케이션 과정 중 소비자가 주도하고 기업이 코칭하는 것이 유리한 세부 과정은 무엇인가? 이 구매 후 커뮤니케이션 세부 과정을 주도할 소비자들은 누구인가?
디지털 CPND 기제 mechanism	콘텐츠 content	그들이 이 구매 후 커뮤니케이션 세부 과정을 효과적으로 주도하고 활발히 상호작용하도록 하려면 그들에게 어떤 정보를 제공할 것인가? 예컨대, 매뉴얼, 음원, 동영상, 위치정보, 행동데이터, AI에 의한 빅데이터 해석 등 다양한 정보 중 어떤 정보를 제공할 것인가?
	플랫폼 platform	그들이 이 구매 후 커뮤니케이션 세부 과정을 효과적으로 주도하고 활발히 상호작용하도록 하려면 어떤 소프트웨어SW 기반 온라인 인프라를 구축할 것인가? 예컨대, 온라인 커뮤니티, 디지털 시장, 소셜미디어, 웹페이지, 콘테스트 채널 등 다양한 형태 중 어떤 플랫폼을 구축할 것인가?
	네트워크 network	그들이 이 구매 후 커뮤니케이션 세부 과정을 효과적으로 주도하고 활발히 상호작용하도록 하려면 어떤 통신망을 채택할 것인가? 예컨대, WAN, MAN, LAN, PAN, BAN 중 어떤 네트워크를 채택할 것인가?
	디바이스 device	그들이 이 구매 후 커뮤니케이션 세부 과정을 효과적으로 주도하고 활발히 상호작용하도록 하려면 어떤 디바이스를 채택할 것인가? 예컨대, 스마트폰, PC, 3D 프린터, 기타 접속 제품 중 어떤 디바이스를 채택할 것인가?

코케팅

Coarketing

실행 프로세스

11

11

Coarketing process

자 그럼 코케팅Coarketing을 실행해 볼 마음이 들었다면 어떤 프로세스를 밟아야 할지 살펴보자. 우선 1단계, 마케팅 현안 도출 및 코케팅 대상 선정이다. 2단계는 소비자 직무정의 및 직무분석, 3단계는 CPND 기제 mechanism 설계 및 구축 단계다. 이어서 4단계는 소비자 공모 · 채용인데, 상황에 따라서 불필요할 수도 있다. 5단계는 CPND 기제mechanism 가동, 소비자안내 · 교육 및 소비자 직무실행 등 주요 실행 단계다. 이어서 마지막 6단계는 성과평가 · 보상 · 피드백 등이다.

<그림> 코케팅Coarketing 실행 프로세스

마케팅 현안 도출/ 코케팅 대상 선정

- 내·외부 환경분석
- 마케팅 현안 도출
- 코케팅 대상 선정

소비자 직무정의/ 직무분석

- 소비자가 주도할 직무를 세부적으로 규정
- 소비자 직무분석을 통해 안내·도움·코칭 필요한 부분 파악

CPND 기제 설계/ CPND 기제 구축

- 소비자 직무 수행에 필요한 안내·도움·코칭 제공할 수 있는 CPND 기제 설계
- 설계한 CPND 기제 실제 구축

소비자 공모 · 채용

- 소비자 직무 수행에 적임 소비자 유형 파악
- 필요시 공모·채용 과정 진행
- 불필요시 공모·채용 없이 바로 다음 단계 이행

CPND기제 가동/ 소비자 안내 · 교육/ 소비자 직무실행

- CPND 기제 가동
- 소비자 안내·교육
- 소비자 직무실행

성과평가 · 보상 · 피드백

- 성과평가·보상·피드백

(1) 마케팅 현안 도출 및 코케팅Coarketing 대상 선정

기업의 마케팅 담당자는 제일 먼저 기업의 내부 · 외부환경을 분석하고 종합해서 마케팅 차원에서 무엇을 해야 할지 큰 그림을 그리고 대과제를 도출해야 한다. 이어서 그 대과제를 세부과제들로 분리한 후 기업과 소비자의 문제해결 역량과 파워를 고려하여 누가 주도하면 좋을지 세부과제별로 판단한다. 소비자가 주도하고 기업이 안내하고 코칭coaching 하는 것이 적합하다고 판단되는 세부과제들을 코케팅Coarketing 대상으로 선정할 수 있다.

어떤 세부과제가 코케팅Coarketing 대상으로 적합한지 여부를 판단하기 위해 체크해야 할 몇 가지 예시 항목은 다음과 같다.

①이 과제를 해결할 역량·지식 등 자원이 기업 외부에 더 많이 존재하는가?

②이 과제를 주도적으로 해결할 역량·지식을 갖춘 소비자 층이 충분히 존재하는가?

③이 과제 해결 과정을 소비자에게 개방해도 특허 등 기업의 핵심역량core competence 보존을 확신할 수 있는가?

④이 과제 해결 과정을 소비자에게 개방하려고 디지털 CPND 기제mechanism를 설치·운용하는 것이 합리적 수준의 비용으로 가능하겠는가?

⑤디지털 CPND 기제mechanism를 이용하여 이 과제를 주도적으로 해결하는 것이 소비자에게 비용보다 큰 유인을 제공할 수 있겠는가?

<그림> 코케팅Coarketing 대상 선정 로직 예

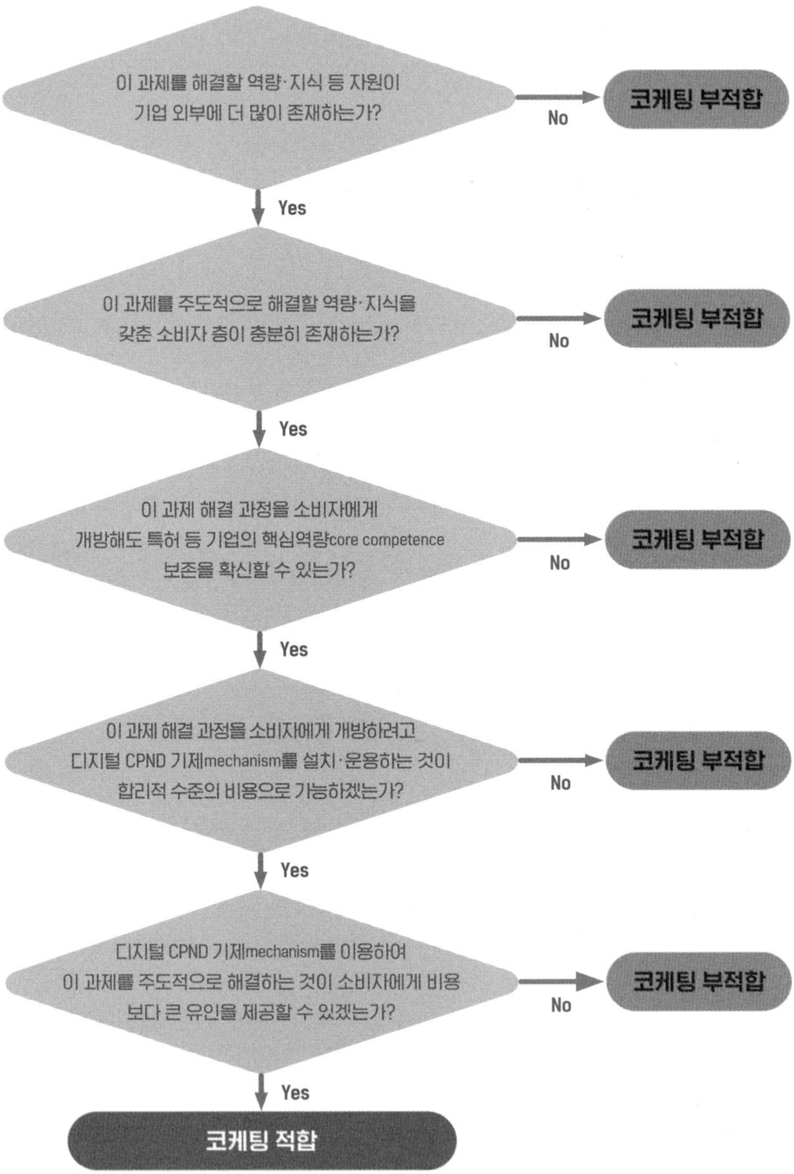

(2) 소비자 직무정의 및 직무분석

코케팅Coarketing 대상으로 선정한 세부과제 실행과정에서 소비자와 기업이 담당할 직무를 정리한다. 이어 각 직무 수행 과정을 가능한 구체적으로 기술한다. 소비자의 직무 수행 과정 중 CPND 기제mechanism 등 디지털 기술로 안내하거나 지원할 수 있는 부분을 파악해 둔다.

(3) CPND 기제mechanism 설계 및 구축

디지털 기술로 안내하거나 지원할 수 있는 소비자의 직무 수행 과정을 도울 수 있는 CPND 기제mechanism를 고안하여 검토하는 등 설계를 진행한다. 제약조건 하 최적의 CPND 기제mechanism를 선정하여 세부 설계를 한 후 실제 구축 작업을 진행한다.

(4) 소비자 공모 · 채용

모든 소비자가 문제해결 과정에서 주도적인 역할을 하고 싶어하는 것은 아니다. 코케팅Coarketing 과정에서 처리해야 할 직무를 주도할 의향과 능력이 있는 적임 소비자 유형을 판단한다. 적임 소비자 유형 판단은 특정 소비자 집단에 초점을 맞추거나 모든 소비자에게 개방하는 등 상황에 따라 다양한 선택이 가능하다 (Rasmussen 2011). 어떤 유형의 소비자가 코케팅Coarketing 대상으로 적합한지 여부를 판단하기 위해 체크해야 할 몇 가지 예시 항목은 다음과 같다 (Bilgram 2008, Rasmussen 2011).

①이 제품이나 서비스의 특징, 장점, 단점 등 관련 정보를 숙지하고 개선에 기여할 수 있는가?

②기업으로부터의 코칭coaching을 받는다면 이 제품이나 서비스 관련 정보를 숙지하고 개선에 기여할 수 있겠는가?

③디지털 기술 등을 이용해서 가격 지불이나 배송 등 거래 과정을 추적·제어하거나 개선에 참여할 수 있는가?

④기업으로부터의 코칭coaching을 받는다면 이 제품이나 서비스 관련 거래 과정을 추적·제어하거나 개선에 참여할 수 있겠는가?

⑤다른 소비자와의 교류·소통에 숙달되어 있는가?

⑥기업으로부터의 코칭coaching을 받는다면 다른 소비자와의 교류·소통에 숙달될 수 있겠는가?

이어 적임 소비자에 대한 공모 · 채용을 진행한다. 소비자 공모 · 채용 진행 시 결과의 적합성만큼 과정의 공정성도 체크해야 한다. 코케팅Coarketing 직무를 주도하기에 적합한 희망자가 자연스럽게 참여할수록 바람직하다. 소비자 공모 · 채용이 불필요한 경우 해당 과정을 생략하고 다음 단계로 진행한다.

<표> 코케팅Coarketing 대상 파워 소비자empowered consumers 확인용 체크리스트 예

구분	체크리스트
정보적informational 차원	• 이 제품이나 서비스의 특징, 장점, 단점 등 관련 정보를 숙지하고 그것의 개선에 기여할 수 있는가? • 기업으로부터의 코칭coaching을 받는다면 이 제품이나 서비스 관련 정보를 숙지하고 그것의 개선에 기여할 수 있겠는가?
기술적technological 차원	• 디지털 기술 등을 이용해서 가격 지불이나 배송 등 거래 과정을 추적·제어하거나 그것의 개선에 참여할 수 있는가? • 기업으로부터의 코칭coaching을 받는다면 이 제품이나 서비스 관련 거래 과정을 추적·제어하거나 그것의 개선에 참여할 수 있겠는가?
사회적social 차원	• 다른 소비자와의 교류·소통에 숙달되어 있는가? • 기업으로부터의 코칭coaching을 받는다면 다른 소비자와의 교류·소통에 숙달될 수 있겠는가?

(5) CPND 기제mechanism 가동, 소비자 안내 · 교육 및 소비자 직무실행

구축해 둔 CPND 기제mechanism가 가동되기 시작하면 해당 CPND 기제mechanism가 소비자 안내 · 교육 기능을 수행한다. 결과적으로 소비자가 주도하는 직무가 연속적으로 실행된다. 경우에 따라서 CPND 기제mechanism 가동이 곧 소비자 공모 · 채용 과정으로 기능할 수도 있다.

(6) 성과평가 · 보상 · 피드백

코케팅Coarketing 대상 직무를 주도한 소비자에 대한 성과평가 · 보상 · 피드백은 필수적이다. 주도적으로 역할을 수행한 소비자에게 적절한 보상이 주어질 때 보다 적극적 참여가 이루어진다. 성과평가 · 보상 · 피드백은 소비자가 주도하는 직무가 실행될 때마다 이루어질 수도 있고 일정 주기로 이루어질 수도 있다. 보상으로는 금전적 인센티브가 많이 사용되지만 심리적 보상이나 권한부여 등 다양한 유형이 사용될 수 있다.

<표> 소비자의 문제해결 주도 유인incentive 예

- 금전적 보상monetary rewards (예: 상금)
- 비금전적 보상nonmonetary rewards (예: 리뷰 순위)
- 경쟁심competitive spirit
- 자기효능감self-efficacy
- 주위 평판peer recognition 제고
- 관계 욕구affiliation needs 충족
- 상호작용을 통한 배움learning
- 자기 표현self-expression
- 공동체 규범community norms 준수
- 직무에 대한 열정passion
- 즐거움enjoyment
- 다른 소비자의 도움에 보답reciprocation
- 이타주의altruism 신념

* 자료원: Felin (2014), Zwass (2010) 등 참고하여 수정

코케팅

Coarketing

실행 시 유의사항

12

12

Precautions for execution

코케팅Coarketing은 파워 소비자empowered consumer가 늘어나는 디지털 시대에 어울린다. 문제해결 역량을 가진 파워 소비자 층이 충분히 있어 소비자 파워가 모이는 '댐dam'에 에너지가 누적되어야 코케팅Coarketing으로 물꼬를 터 물길을 냄으로써 성과를 거둘 수 있는 셈이다.

소비자가 문제해결의 주도권을 행사하는데 불편함을 느끼면 코케팅Coarketing이 소기의 성과를 거두기 어렵다 (Etgar 2008). 디지털 기술이 고도화, 보편화되어 문제해결 과정을 주도하는 소비자가 부담해야 하는 시간적, 금전적 희생이 충분히 낮을 때 코케팅Coarketing이 적합해진다.

디지털 시대가 깊어 갈수록 코케팅Coarketing 기회의 창은 넓어질 개연성이 높다. 기업으로서는 코케팅Coarketing 개념을 이해하고 겸비하여 디지털 시대의 기회를 누릴 준비를 해야 한다.

<그림> 코케팅Coarketing 실행 시 유의사항 예

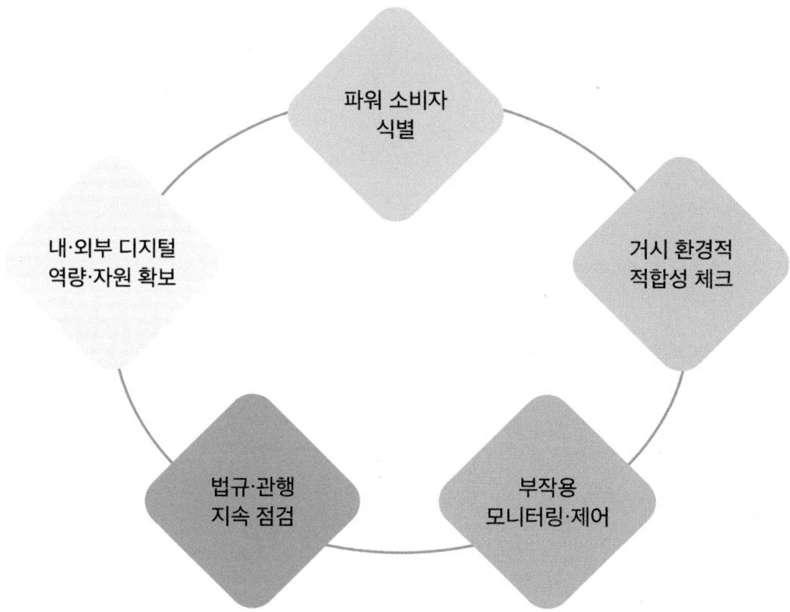

(1) 기업의 내·외부 디지털 역량·자원을 확보하라

코케팅Coarketing 틀에서 CPND 디지털 기술 그룹은 코칭 도구coaching tool다. 기업은 CPND 디지털 기술 그룹을 적절히 구사해서 파워 소비자가 문제해결 과정을 효과적으로 주도하도록 코칭coaching해야 한다. 그런데 기업이 CPND 기제mechanism를 내부 자원만으로 구현하기는 현실적으로 어렵다. 기업은 내부 자원과 외부 자원을 적절하게 이용해서 CPND 기제를 설계·구축하게 된다.

우선 기업 내부의 디지털 역량을 갖춰야 한다. 기업의 코케팅Coarketing 담당자는 코칭 도구coaching tool로 사용해야 할 CPND 디지털 기술 그룹에 대한 소양을 갖춰야 한다. 내부 디지털 역량이 충분히 갖춰지지 않아 제대로 설계되지 않은 CPND 기제mechanism가 가동되기 시작하면 정보전파가 극도로 빠른 디지털 기술의 특성상 순식간에 큰 손실이 발생할 수 있다. 코케팅Coarketing 과정에서 CPND 기제mechanism를 가동하기 전 단계에서 잠재적 위험에 대한 사전 확인을 의무화하는 등 위험관리 체제를 갖출 필요가 있다.

아울러 CPND 기제mechanism를 구축할 때 필요한 외부 자원을 보유한 파트너 업체들과 적절한 관계를 유지하는 것도 필요하다.

(2) 파워 소비자를 식별하라

모든 소비자가 코케팅Coarketing에 적합한 것은 아니다. 숙련된 소비자들이 코케팅Coarketing에 호응하여 문제해결 과정을 주도할 가능성이 더 높다. 프로그래밍에 숙련된 소비자들만 레고Lego 마인드스톰Mindstorm의 소프트웨어SW 공개에 호응하여 혁신적인 프로그램을 개발할 수 있다. 사람들의 의견 조정 능력, 대화 솜씨, 갈등 관리 요령 등 몇몇 심리적 기술을 가진 소비자들이 다른 사람과 접촉해야 하는 문제해결 과정을 더 적극적으로 주도한다. 적합한 대상을 찾아 코케팅Coarketing 노력을 집중할 필요가 있다.

(3) 거시환경적 적합성을 체크하라

디지털 시대라고 해서 모든 경제에서 코케팅Coarketing으로 효험을 볼 수 있는 건 아니다. 경제발전 초기 단계에 속한 신흥국가나 시장에서는 생존에 필요한 생활필수품 소비에 초점을 맞춘다. 소비자들은 문제해결 과정을 주도하는데 관심을 덜 가진다 (Etgar 2008). 경제발전 초기 단계에 있는 국가에서는 코케팅Coarketing보다 기본 욕구 해결에 초점을 맞춘 해결사 마케팅solver marketing 방식이 더 효과적일 수 있다. 코케팅Coarketing 실행 시 거시경제적 상황도 살펴야 한다.

(4) 부작용을 모니터링하고 제어하라

소비자가 주도하는 코케팅Coarketing 과정이 제대로 안내되지 못해 내부직원에게 과도한 부담이 되는 상황을 조심해야 한다. CPND 기제mechanism를 통해 소비자의 주도권을 늘려주는 코케팅Coarketing은 내부직원의 부담 증가로 이어질 수도 있다. 아메리카노 한 잔을 선택할 때도 수만가지 조합을 선택할 수 있는 사이렌 오더Siren order는 소비자에게 정교한 선택 기회를 주는 반면 직원의 작업에 투입되는 육체적, 정신적 에너지 양을 늘릴 수도 있다. 겉으로 확인되는 코케팅Coarketing의 긍정적 성과 이면에서 발생할 수도 있는 부작용에 대한 입체적인 모니터링과 대응이 필요하다 (Zeithaml 2005).

(5) 법규와 관행의 변화에 유의하라

기업의 코케팅Coarketing 담당자는 소비자 보호, 경쟁 촉진 등 관련 법규 등에 비춰 코케팅Coarketing 전술에 잠재적 문제 소지가 있는지에 대한 사전 점검을 해야 한다. 업계 관행 등을 고려하여 윤리적 논쟁의 소지에 대해서도 점검을 해야 한다. 혁신적인 CPND 기제mechanism가 기존 관련 법규나 관행과 충돌하는 부분이 있는지 점검해야 한다. 개별 국가마다 상이한 법규나 관행을 가지는 경우도 유의해야 한다. 디지털 기술 관련 법규와 관행은 자주 변경되기도 하므로 지속적인 업데이트가 필요하다.

Q&A

Q 코케팅Coarketing이라는 용어의 별도 출처가 있나요?

A 코케팅Coarketing은 코칭 마케팅coaching marketing의 줄임말로
이 책에서 제시할 뿐 별도의 출처는 없습니다.

Q 소비자가 어떤 마케팅 과정을 시작부터 끝까지 주도하는 경우
만 코케팅Coarketing에 해당되나요?

A 아닙니다. 특정 마케팅 과정의 부분에서도 코케팅Coarketing을
실행할 수 있습니다.
다시 말해 마케팅 과정의 일정 부분은 코케팅Coarketing
다른 부분은 비非 코케팅Coarketing 방식일 수도 있겠습니다.

Q 코케팅Coarketing은 디지털 기술 기업만 할 수 있나요?

A 아닙니다. 이 책의 HUL Hindustan Unilever Limited 사례처럼
디지털 기술 기반 기업이 아닌 경우에도
디지털 기술을 접목하여 코케팅Coarketing을 실행할 수 있습니다.

Q 코케팅Coarketing은 디지털 기술 외 방식으로 실행할 수는 없나요?

A 이 책의 코케팅Coarketing은 좁은 의미로 디지털 기술을 사용한 코칭에 주목하고 있습니다. 이 책의 내용을 기준으로 볼 때 디지털 기술 외 방식으로 실행하는 경우는 코케팅Coarketing으로 보지 않습니다. 다만, 이 책의 입장을 벗어나 코케팅Coarketing을 넓은 의미로 본다면, 디지털 기술 외 다른 방식을 통한 코칭 스타일 마케팅이 가능하며 이를 넓은 의미의 코케팅Coarketing으로 볼 수도 있겠습니다.

Q 코케팅Coarketing은 다른 마케팅 방식보다 우월한가요?

A 아닙니다. 해결사 마케팅solver marketing, 공동창조자 마케팅co-creator marketing 등 다른 마케팅 스타일과 함께 공존해야 합니다. 상황별로 적절한 마케팅 방식을 적용할 수 있어야 하겠습니다. 기업의 마케터 입장에서는 다른 마케팅 스타일을 대체하려 해서는 곤란합니다. 몇 가지 마케팅 스타일 중 하나로 겸비한다는 자세가 바람직합니다.

Q 코케팅Coarketing은 공동창조자 마케팅co-creator marketing과 흡사한데 어떤 관계로 봐야 할까요?

A 코케팅Coarketing이 공동창조자 마케팅co-creator marketing 범주 속에 포함된다고 보는 게 맞겠습니다. 소비자참여도가 높은 유형의 공동창조자 마케팅co-creator marketing이 코케팅Coarketing과 겹친다고 볼 수 있겠습니다. 21세기 마케팅의 키워드 중 하나인 공동창조자 마케팅co-creator marketing은 너무 넓은 개념으로 논의되고 있어 유형에 맞는 시사점을 얻으려면 세부 유형별로 비교를 해야 하는 불편이 없지 않습니다. 코케팅Coarketing은 공동창조자 마케팅co-creator marketing의 범위를 좁혀 초점을 맞춘 시사점을 도출하는 의미가 있다고 봅니다.

Q 코케팅Coarketing을 낡은 4P 틀로 정의하는 것은 너무 시대에 뒤쳐진 주장이 아닐까요?

A 4P 틀로 마케팅을 설명하는 전문가는 여전히 많습니다.
새로운 용어가 많이 등장하고 있지만 4P 틀을 대체하고 지배적 틀이 되는 경우는 거의 없습니다.
대부분의 신용어와 4P는 개념적으로 잘 연결됩니다.
동시대 합의된 마케팅 개념의 의미를 존중한다면 얼마든지 다양한 표현이 가능하다고 봅니다.

Q 구매 전pre-purchase, 구매purchase, 구매 후post-purchase 단계와 정보적informational, 기술적technical, 사회적social 파워 원천은 각각 대응되는 관계인가요?

A 부분적으로 관계가 있다고 봅니다만 엄밀한 기준으로는 아닙니다. 정보적, 기술적, 사회적 파워 원천에서 발현되는 소비자 파워는 구매 전, 구매, 구매 후 각 단계에서 복합적으로 나타납니다.

정보적, 기술적, 사회적 파워 원천의 개념 자체도 완벽하게 배타적이지 않고 중첩될 수 있습니다.

Q 크라우드소싱crowdsourcing 등에 참가하는 정체 미확인 개인individual은 무엇으로 보아야 하나요?

A 모든 인간은 일정 시간 소비자입니다.

기업 등 조직구성원 역시 일정 부분 소비자입니다.

이 책에서는 기업 등 조직구성원으로서 행동하는 것이 식별된 경우 외 모든 개별 행위 주체를 소비자로 봅니다.

기업의 공개 콘테스트 응모자나 프로젝트 외부 참가자인 개인도 소비자로서 응모하거나 참가한 것으로 봅니다.

크라우드crowd라고 불리는 어떤 대상 군집 속 정체 미확인 개인도 소비자로 봅니다.

Q 크라우드소싱crowdsourcing은 코케팅Coarketing과 유사한데 어떤 차이가 있나요?

A 크라우드소싱과 코케팅Coarketing은 유사한 면이 있습니다. 크라우드소싱과 코케팅Coarketing은 둘 다 가치공동창조 value co-creation나 개방형 혁신open innovation 사조와 연결되어 있습니다.

특히 크라우드소싱의 본질을 온라인을 통한 분산형 생산 모델로 볼 수 있다는 점(Brabham 2008)에서 구매 전 단계에서 더 많이 중첩될 수 있겠습니다. 반면 구매나 구매 후 단계의 코케팅Coarketing과 크라우드소싱의 유사성은 제한적이라고 볼 수 있겠습니다. 나아가 코케팅Coarketing은 경우에 따라 특정 소비자를 대상으로 할 수도 있어 불특정 군중을 대상으로 하는 크라우드소싱과 차이가 있겠습니다.

Q CPND 틀은 디지털 생태계 논의 시 반드시 써야하는 틀인가요?

A 아닙니다. CPND 틀은 가장 많이 사용되는 디지털 생태계 틀 중 하나일 뿐 유일한 분석 틀은 아닙니다. 예를 들어, SCPA sensing, communication, processing, actuation 틀을 비롯해서 여러가지 분석 틀을 필요에 맞춰 사용해도 좋겠습니다 (예: Aceto 2018).

Q 코케팅Coarketing은 기존에 충분한 파워를 보유한 파워 소비자 empowered consumer만을 대상으로 하나요?

A 아닙니다. 이 책의 소비자 주도 가격결정 코칭coaching 전술과 소비자 주도 유통 코칭coaching 사례처럼 코케팅Coarketing은 소비자 파워를 증진시키는 효과도 유발합니다.
말하자면 기존에 낮은 파워를 보유한 소비자의 파워를 증진시켜 4P[c] 계획·실행 과정을 주도하도록 안내하고 코칭coaching하는 것도 코케팅Coarketing 범위에 포함되겠습니다.

Q 코케팅Coarketing은 결국 소비자에게 주도권을 넘겨주면서 마케팅의 자기부정 논리로 이어지지 않을까요?

A 그렇게 보지 않습니다. 소비자가 자기완결 식으로 문제를 셀프 해결하는 양상이 메인이 되기는 어렵다고 봅니다. 신마케팅 개념이 계속 등장하며 진화하는 미래가 올 것으로 예상합니다.

참고문헌

Accounting for sustainability, Hindustan Unilever: Developing a rural sales network that enhances livelihoods, 2019.10.31., https://www.accountingforsustainability.org/en/knowledge-hub/case-studies/hindustan-unilever-rural-sales-livelihoods-shakti-ammas.html

Aceto, G., Persico, V., & Pescapé, A. (2018). The role of Information and Communication Technologies in healthcare: taxonomies, perspectives, and challenges. Journal of Network and Computer Applications, 107, 125-154.

Anker, T. B., Sparks, L., Moutinho, L., & Grönroos, C. (2015). Consumer dominant value creation: A theoretical response to the recent call for a consumer dominant logic for marketing. European Journal of Marketing. 49(3/4), 532-560.

Barone, M. J., Bae, T. J., Qian, S., & d'Mello, J. (2017). Power and the appeal of the deal: how consumers value the control provided by Pay What You Want (PWYW) pricing. Marketing Letters, 28(3), 437-447.

Bilgram, V., Brem, A., & Voigt, K. I. (2008). User-centric innovations in new product development—Systematic identification of lead users harnessing interactive and collaborative online-tools. International journal of innovation management, 12(03), 419-458.

Brabham, D. C. (2008). Crowdsourcing as a model for problem solving: An introduction and cases. Convergence, 14(1), 75-90.

Digit news, Bridging the gap, 2006.4.1., https://www.digit.in/general/general/bridging-the-gap-1310.html

Etgar, M. (2008). A descriptive model of the consumer co-production process. Journal of the academy of marketing science, 36(1), 97-108.

Felin, T., & Zenger, T. R. (2014). Closed or open innovation? Problem solving and the governance choice. Research policy, 43(5), 914-925.

Fransman, M. (2010). The New ICT Ecosystem-Implications for Policy and

Regulation. Cambridge University Press.

Frow, P., Nenonen, S., Payne, A., & Storbacka, K. (2015). Managing co-creation design: A strategic approach to innovation. British Journal of Management, 26(3), 463-483.

Gyrd-Jones, R. I., & Kornum, N. (2013). Managing the co-created brand: Value and cultural complementarity in online and offline multi-stakeholder ecosystems. Journal of business research, 66(9), 1484-1493.

Heinonen, K., Strandvik, T. & Voima, P. (2013). Customer dominant value generation in service. European Business Review, 25(2), 104-123.

Heinonen, K. & Strandvik, T. (2015). Customer-dominant logic: foundations and implications. Journal of Services Marketing, 29(6/7), 472-484.

Hibbert, S., Winklhofer, H., & Temerak, M. S. (2012). Customers as resource integrators: toward a model of customer learning. Journal of Service Research, 15(3), 247-261.

Hirth, M., Hoßfeld, T., & Tran-Gia, P. (2011, June). Anatomy of a crowdsourcing platform-using the example of microworkers. com. In 2011 Fifth international conference on innovative mobile and internet services in ubiquitous computing (pp. 322-329). IEEE.

Kannan, P. K. & Li, H.A. (2017). Digital marketing: A framework, review and research agenda. International Journal of Research in Marketing, 34(1), 22-45.

Keltner, D., Gruenfeld, D. H., & Anderson, C. (2003). Power, approach, and inhibition. Psychological review, 110(2), 265.-284

Kim, S., Egan, T. M., Kim, W., & Kim, J. (2013). The impact of managerial coaching behavior on employee work-related reactions. Journal of Business and Psychology, 28(3), 315-330.

Kim, J. Y., Natter, M., & Spann, M. (2009). Pay what you want: A new participative pricing mechanism. Journal of Marketing, 73(1), 44-58.

Kinlaw, D.C. (1999), Coaching for Commitment: Interpersonal Strategies for Obtaining Superior Performance, 2nd ed., Pfeiffer.

Kucuk, S. U., & Krishnamurthy, S. (2007). An analysis of consumer power on the Internet. Technovation, 27(1-2), 47-56.

Lemon, K. N., & Verhoef, P. C. (2016). Understanding customer experience throughout the customer journey. Journal of marketing, 80(6), 69-96.

Marett, K., Pearson, R., & Moore, R. S. (2012). Pay what you want: An exploratory study of social exchange and buyer-determined prices of iProducts. Communications of the Association for Information Systems, 30(1), 1-15.

Ministry of External Affairs, HUL Project Shakti is Empowering Women of New India, 2021.4.30., https://indbiz.gov.in/hul-project-shakti-is-empowering-women-of-new-india-2/

Natter, M., & Kaufmann, K. (2015). Voluntary market payments: underlying motives, success drivers and success potentials. Journal of Behavioral and Experimental Economics, 57, 149-157.

Oertzen, A. S., Odekerken-Schröder, G., Brax, S. A., & Mager, B. (2018). Co-creating services—conceptual clarification, forms and outcomes. Journal of Service Management. 29(4), 641-679.

O'Hern, M. S., & Rindfleisch, A. (2017). Customer co-creation: a typology and research agenda. Review of marketing research, 84-106.

Raju, J., & Zhang, Z. (2010). Smart Pricing: How Google, Priceline, and Leading Businesses Use Pricing Innovation for Profitabilit (paperback). Pearson Prentice Hall.

Rasmussen, R., Christensen, A. S., Fjeldsted, T., & Hertzum, M. (2011). Selecting users for participation in IT projects: Trading a representative sample for advocates and champions?. Interacting with Computers, 23(2), 176-187.

Taiminen, H.S.M., Saraniemi, S., & Parkinson, J. (2018). Incorporating digital self-services into integrated mental health care: a physician's perspective. European Journal of Marketing, 52(11), 2234-2250.

Thompson, C.J. (2003). Postmodern consumer goals made easy! In: Ratneshwar, S., Mick, D.G., Huffman, C. (Eds.), The Why of Consumption: Contemporary Perspectives on Consumer Motives, Goals, and Desires. Routledge, London, New York, 120–139.

Werner, J.M., & DeSimone, R.L. (2009). Human Resource Development. Mason: South-Western Cengage Learning.

Zainuddin, N., Tam, L., & McCosker, A. (2016). Serving yourself: Value self-creation in health care service. Journal of Services Marketing, 30, 586–600.

Zeithaml, Valarie A., Bitner, Mary Jo, & Gremler, Dwayne (2005), Services Marketing (4th Edition), McGraw-Hill/Irwin.

Zwass, V. (2010). Co-creation: Toward a taxonomy and an integrated research perspective. International journal of electronic commerce, 15(1), 11-48.

남현숙 (2021), 2020년 디지털콘텐츠 시장조사 및 동향 심층분석, 소프트웨어정책 연구소 연구보고서.

동아사이언스, 넷플릭스는 어떻게 최고의 추천시스템을 만들었나, 2016.3.24., https://www.dongascience.com/news.php?idx=11089

이계수, 윤현덕 (2016), 벤처·중소 ICT 기업의 디지털 생태계에서의 글로벌 경쟁력 요인 연구, 한국 IT 서비스학회지, 15(1), 1-18.

전자신문, 유튜브·넷플릭스 추천 알고리즘 원리, 2020.10.05., https://www.etnews.com/20201005000062

주우진, 박철, 김현식 (2020), 마케팅관리, 5판, 홍문사.

하원규, 이승민, 최민석, 정지형, 김정태, 안춘모 (2015), 만물초지능통신시대로의 메가트렌드, 한국전자통신연구원 창의미래연구소.

한경닷컴, 스타벅스엔 사람이 못 듣는 소리가 가득…사이렌오더의 비밀, 2022.5.18., https://www.hankyung.com/economy/article/202205172758i

IT조선, 주문 2000만건 돌파한 '사이렌 오더'…스타벅스 앱에는 '귀'가 있다, 2017.4.19., http://it.chosun.com/site/data/html_dir/2017/04/29/2017042985015.html

https://en.wikipedia.org/wiki/Lego

https://en.wikipedia.org/wiki/Lego_Mindstorms

https://en.wikipedia.org/wiki/Netflix

https://en.wikipedia.org/wiki/Threadless

https://en.wikipedia.org/wiki/Yelp

https://www.hul.co.in/brands/

https://www.hul.co.in/planet-and-society/case-studies/enhancing-livelihoods-through-project-shakti/

https://www.netflix.com /

https://www.radiohead.com/library#httt

https://www.radiohead.com/library#ir/in-rainbows

https://www.starbucks.co.kr/index.do

https://www.threadless.com/designs/

https://www.threadless.com/flower-power/

https://www.threadless.com/forum/projects

https://www.yelp.com/elite

https://www.yelp.com/

https://www.yelp.com/search?cflt=italian&find_loc=San+Francisco%2C+CA

https://www.youtube.com/watch?v=TnezZAbcF9k

맺는말

이 책에서 신개념으로 제시한 코케팅Coarketing은 다른 마케팅 스타일과 경쟁하지 않습니다. 해결사 마케팅과는 필요한 상황이 다릅니다. 공동창조자 마케팅보다는 더 구체적 용도로 사용됩니다.

디지털 시대를 헤쳐 나가고 있는 마케터라면 마케팅 전략 선택지에 코케팅Coarketing 란을 추가하기 바랍니다. 코케팅Coarketing 란을 넣기 위해 다른 마케팅 스타일 표기 란을 없앨 이유가 없습니다. 해결사 마케팅이나 공동창조자 마케팅과 더불어 코케팅Coarketing도 시의적절하게 구사할 수 있도록 겸비하길 권장합니다.

코케팅Coarketing 과제를 선정할 때 이 책에서 제안한 코케팅Coarketing 전략 틀을 참고하면 좋을 것입니다. 이 책은 코케팅Coarketing 전술을 도출하는데 고객경험 3단계별 소비자 파워 성질과 코케팅 4P[c] 사이의 연결성을 이용했습니다. 코케팅Coarketing 과제를 선정할 때 이 책의 코케팅Coarketing 전술 도출 과정을 참고할 수 있을 것입니다.

코케팅Coarketing 과제 실행 방안을 수립할 때 CPND 틀을 활용하기 바랍니다. 이 책은 사례 기업들의 코케팅Coarketing 식 경영 활동을 사후적으로 살펴보는데 CPND 틀을 이용했습니다. 이 책의 사례를 참고한다면 코케팅Coarketing 과제 실행 방안을 짜는데 CPND 틀을 이용할 수 있을 것입니다.

제 생각으로는 마케팅과 경영학 각 분야에서 알려져 있지만 서로 연결되지는 않았던 몇몇 개념을 처음으로 조합했다는 점이 이 책의 새로운 점입니다. 비록 제한된 전술, 한정된 사례 등 여러 제한점을 안고 있습니다만 이 책에 담긴 새로운 개념과 생각 틀은 의미가 있다고 믿습니다. 이 땅의 수많은 기업 구성원들이 디지털 시대를 헤쳐가는 과정에 조금이라도 도움이 될 수 있다면 더 바랄 게 없겠습니다.

2022년 8월

김현식 배

저자와의
협의하에
인지를
생략합니다.

디지털 코칭 마케팅

코케팅

지은이 김현식
펴낸이 조경희
펴낸곳 경문사
펴낸날 2022년 8월 29일 1판 1쇄
등 록 1979년 11월 9일 제1979-000023호
주 소 04057, 서울특별시 마포구 와우산로 174
전 화 (02)332-2004 팩스 (02)336-5193
이메일 kyungmoon@kyungmoon.com

값 14,000원

ISBN 979-11-6073-579-6